세상을 **바꾸는** 사람들

세상을
바꾸는
사람들

펴낸날	2024년 9월 28일
지은이	이원규
펴낸이	신덕례
편집	권혜영
교열교정	허우주
디자인	토라디자인
유통	기독교출판유통
펴낸곳	우리시대

경기 고양시 덕양구 마상로 102번길 53
f/ woorigeneration
email woorigeneration@gmail.com

ISBN	979-11-85972-62-6 (04230)
SET ISBN	979-11-85972-41-1 (04230)
가격	12,000원

너희의 사랑의 진실함을 증명하고자 함이라
고린도후서 8장 8절

세상을 바꾸는 사람들

자선과 모금을 실천해 세상을 바꾼 보통 사람들의 이야기
그리고 그들에게서 배우는 성경적 연보와 모금의 원리

들어가면서　　6

1장 기적을 만든 예루살렘 사람들　　17
그리스도의 복음이 세상을 바꿨다　　19

승천하신 그 해 오순절 세상의 변화가 시작되었다　　21

기적을 경험한 사람들이 안디옥교회를 세우다　　27

자발적 나눔이 세상을 바꿨다　　29

지금도 자선은 세상을 바꾸고 있다　　31

세상을 바꾼 자선활동들　　36

2장 연보와 모금에 대한 오해와 진실　　41
끊을 수 없는 하나님의 사랑　　43

모금은 믿음 없는 돈 걱정　　52

아나니아와 삽비라의 딜레마　　58

알리지 않는 아름다운 구제　　63

3장 연보와 모금의 성경적 토대　　77
새로운 만나　　79

그리스도의 가난하게 되심　　81

이 연보의 은혜도 풍성하게　　87

균등하게 하려　　94

마음이 원하여, 자원하여　　102

넘치도록　　111

4장 모금가 바울을 따르는 실전 모금   117
    연보 권하기   119
    일상에서 연보를 준비시키기   126
    연보의 은혜 알리기   133
    비방하지 못하게 조심하기   140
    함께 일하기   147

5장 연보와 모금에서 더 생각해 볼 이슈들   153
    모금은 진정한 공동체를 세운다   155
    연보든 헌금이든 큰 차이는 없다   160
    모금은 전문적인 성직이다   164
    연보경제! 가능한가   171

6장 배우고 받고 듣고 본 바를 행하라   177
    일상의 연보가 또 다른 소명과 만나면   179
    너희 사랑의 진실함을 증명하라   185

덧붙임 모금에 대한 기술적 질문과 이해   191

들어가면서

경영학을 공부하여 박사학위를 받은 후 지금까지 20여 년 가까이 국내의 다양한 비영리기관의 모금에 관여해 왔다. 컨설팅이나 워크숍 그리고 교육이나 상담을 통해 배우기도 하고 가르치기도 하고 직접 모금에 나서기도 했다. 기관의 기부금이 늘어나고 새로이 기부하는 분들이 늘어나고, 행사가 잘 되고, 같이한 직원이 승진을 하면 그리고 무엇보다도 기부자가 즐거워하면 일하는 보람이 쑥쑥 돋아났다. 하지만 반대의 상황에 부딪히면 정말 마음이 힘들고 어려웠다. 그러면서도 비영리기관의 합리적 활동과 성숙을 바라면서, 필요한 곳에 더 많은 기부금이 사용될 수 있기를, 더 나아가 행복한 기부자가 더 늘어나기를 기대하며 짧지 않은 시간을 보내왔다.

이 과정에서 흥미롭게도 오히려 '사랑'과 '나눔'의 정신과 행동을 강조하는 기독교 단체가 더 모금에 소극적이거나 체계적이지 못한 모습을 발견하곤 했다. 심한 경우에는 적극적인 모금에 대해 비성경적이라는 이유를 들어 모금을 외면하는 경우도 여럿 있었다. 그들이 하나님과 예수 그리스도에 대한 믿음과 신뢰가 없다거나, 하나님 나라의 일을 함에 있어서 재물이 잘 사용되어야 한다는 생각을 하지 않는다거나 하는 것은 아니었다. 그들에게는 '적극적 모금이 성경적이지 않다'라는 신념이 있었다. 적극적인 모금 활동이 온전한 믿음에 반한다는 것이다.

그래서 성경을 찾아 제대로 된 방향과 방법을 찾아보기로 했다. 기본적으로 재물에 대해 하나님과 성경의 관점은 어떤 것인가? 제3의 누군가를 돕기 위해 재물을 모으고 전달하는 것은 과연 하나님의 보호와 채움에 반하는 것인가? 연보나 기부를 권하는 것이 돈을 사랑하거나 섬기는 행위인가? 현대적인 모금활동 중에 성경에 부합하는 것은 어떤 것들이 있는가? 특히 바울은 초대교회를 향해 연보/기부에 관하여 어떻게 권면하고 모범을 보이는가?

이 책은 이런 여러 질문에 대한 답을 탐색하여 정리한

것이다.

오늘날 지구촌 곳곳에서는 자선(연보)이 많은 사람에게 도움을 주고 있다. 하지만 그 자선과 연보 모두가 사람들의 삶의 질을 높이고 세상을 보다 나은 곳으로 바꾸고 있는지 잘 알 수가 없다. 지난 수십 년 동안 인류는 빈곤을 타파하기 위해 천문학적인 돈을 지출하였고 그중의 상당한 액수가 자선적인 기부에 의해 조성되었다. 그러나 그 자선과 지원이 가난한 자들의 빈곤을 해소했느냐에 대해서는 쉽게 '예! 물론입니다.'라고 답할 수 있는 사람이 별로 없다. 소외되고 핍박받는 이들의 인권이 얼마나 보호 신장되었는지, 지구촌 환경이 과연 100년 전보다 더 풍요롭고 자연스러운지, 과연 질병과 재해로부터 더 안전해졌는지에 대해서 여전히 '예'라는 답을 유보할 수밖에 없다.

그럼에도 불구하고 세상을 바꾸려는 노력들은 여전히 지구촌 여기저기에서 끊임없이 진행되고 있다. 자선적 기부를 통해 지구촌 곳곳에서 변화의 동향이나 열매가 드러나고 있는 것 또한 분명한 사실이다.

우리에게 중요한 것은 우리의 자선적 활동이 세상을

바꾸는 데 사용되어야 하고 또 그럴 것이라는 기대를 가지고 연보를 실천에 옮기는 것이다. 그 과정에서 일부 실패와 좌절도 있을 것이지만 우리의 자선적 기부를 통해 일하실 하나님을 의지하여 현재의 삶에서 우리가 할 수 있는 최선을 다해야 한다는 것을 초대교회가 우리에게 알려 주고 있다.

예수 그리스도가 이 땅에 왔다 가신 후 기독교는 세상을 바꿨다. 가나안 땅의 유대인 민족종교로 계승되어 오던 유대교는 하나님의 아들 예수 그리스도의 강림과 죽음, 부활 이후 기독교로 전환되었고, 그 기독교는 아시아 근동과 유럽을 거쳐 지구촌 인류 모두를 하나님 나라의 백성으로 바꿔 새로운 세상을 열었다. 예수 그리스도와 사도들의 시대 이후로 수많은 기독교 지도자들과 영웅들(?)의 활약과 헌신, 순교가 이런 변화의 씨앗이 되었고 어떤 경우에는 그들이 주인공인 듯 다루어지기도 했다.

이 분들의 헌신과 수고를 충분히 존중하면서, 본서는 그 이면에서 이런 역사가 가능하도록 힘을 보태 세상을 바꾼 사람들의 이야기를 축으로 담고 있다. 그 출발은 우선 성경에서 시작한다. 예수 그리스도가 부활 후 승천하시고 예루살렘에서 벌어졌던 일들로 시작하여 그것이 밑거름이 되어 오늘날 이 땅을 포함한 지구촌에서 누리는 하나님 나라의 삶으로 연결된 근원을 살펴본다. 그 근원은 예수가 승천하신 그 해 오순절 전후로 예루살렘에 있었던 사람들의 자선적 나눔이다. 세상이 어떻게 바뀔지 불확실한 상황에서도 자기 재물과 집, 밭을 공동체를 위해 내놓은 그 나눔은 세상에 유명하게 알려지지는 않았어도 참으로 세상을 바꾼 고귀하고도 아름다운 행함이었다.

책의 후반부에서는 자선적 연보의 이면인 모금을 통해 세상을 바꾸는 장면을 자세하게 살펴볼 것이다. 모금을 통해 세상을 바꾼 대표적인 인물로 모금가 바울을 관찰할 것이다. 바울서신을 읽고 공부하는 그리스도인들이 주목하는 사항에는 여러 가지가 있다. 사도행전과 여러 교회와 사람들에게 보낸 서신을 통해 그의 회심과 선교 여행, 고난과 열매, 여러 교회에서의 가르침과 강론, 그리고 그의 회심과 자비량 등등이 바울을 다룸에 있어 주요 관심사가 된다.

하지만 그의 사역 중에서 예루살렘교회를 위한 연보를 여러 교회로부터 모아 전달하는 활동에 대해서는 그리 주목하지 않는다. 그는 여러 서신에서 교회들에게 연보를 준비할 것과 그 연보가 어떤 의미가 있는지, 자신이 왜 이 일에 주목하는지를 이야기한다. 주의 깊게 살펴보면 아시아 등지에서 교회를 세우고 격려하는 것만큼이나 연보 관련 활동은 바울의 사역과 가르침의 중심에 있다고 할 수 있다.

이런 연보 관련 바울의 가르침과 행함은 다른 여러 가르침과 권면, 활동에 비해 현대의 교회에서 아주 작은 비중으로 다루어지고 있다. 혹여 강해나 설교를 통해 바울이 연보를 강조한 본문을 다루더라도 '가난하고 어려운 교회를 위해 연보를 해야 한다. 힘든 상황에서도 연보를 넘치도록 한 초대교회를 본받자' 정도의 메시지에 그치는 경우가 많으며, 오히려 교회의 헌금을 더 많이 유도하는 데 본문을 사용하기도 한다. 더 나가 연보와 헌금 간의 구분이 모호한 상황에서 개교회 밖으로 교인이 직접 구제를 하거나 기부를 하면 교회로의 헌금이 줄까 봐 굳이 이 사안을 깊이 다루지 않고 말라기의 십일조 내용만을 강조하기도 한다.

연보와 관련된 내용이 바울 사역과 가르침의 중심에 위치하고 있다는 것은 여러 면에서 그 증거를 찾을 수 있다. 고린도에 보낸 서신에 배정된 연보 관련 분량도 분량이고, 교회에 보낸 편지 중에서 연보를 언급하는 편지의 수도 여러 곳이다. 그리고 더 중요한 것은, 연보를 이른바 '영적 영역이나 활동'과 동일한 수준으로 다루는 것은 물론이고, 그 토대 역시 하나님의 뜻과 예수 그리스도의 순종이라는 기독교 신앙의 진수에 닿아 있다고 말하고 있다는 점이다.

그렇기에 바울이 선교와 목회 활동에서 스스로를 위해 돈을 벌었으며 연보를 중요시하여 가르치고 연보를 실천(기부)했다는 것 못지않게 주목할 사안은 바울이 드러내 놓고 강력하게 연보를 권면하고 모집하고 전달하는 모금가였다는 점이다.

아마 이런 주장에 대해서 바울의 사도성과 영적 지도력에 많은 초점을 두고 있는 그리스도인은 일련의 불편함을 느낄지도 모른다. 어쩌면 가장 닮고 싶은 삶의 모델인 바울이 '돈'의 문제에 대해 직접 개입하고 이를 다루는 일에 헌신했다는 점을 별로 부각시키지 않기를 원하거나, 돈 문제를 직접 다루는 것이 돈을 멀리하라는 가르침, 특히 예수님의 가르침에 반하는 것처럼 보이기 때문이다. 이 지점에서 우리는 바울이 서신에서 다룬 연보가 단순히 돈을 모으는 것이었느냐 하는 질문을 신중하게 제기하고 이에 가장 적합한 답과 해석을 찾아야 한다. 그리고 여러 서신에 바울이 연보를 권면하고 강조한 것이 과연 예수의 가르침에 반하는 것인지도 확인해 볼 필요가 있다.

기독교 비영리기관은 세상을 향한 하나님의 비전을 달성하는 데 그 존재 이유가 있다. 이 비전을 달성하기 위해서 그 미션을 중심으로 여러 관계자가 함께하며 그들은 모두 미션 달성에 중요한 존재로 인식된다. 예를 들어 그리스도의 사랑으로 아이들을 가르치고 돌보는 기독교 대안학교라면, 교사, 학생, 학부모, 직원 등이 학교를 구성하는 관계자들이다. 그리고 학교는 이들을 모으고 이들과 함께 미션을 달성하기 위해 많은 노력을 투여한다. 능력과 경험이 풍부하면서도 헌신된 교사를 모시기 위해 백방으로 노력하고, 학부모들 역시 그런 분들이 함께하기를 기대한다. 그리고 동역자 의식을 가지고 서로 격려하며 감사한다. 교육기관뿐만 아니라 구호기관, 복지기관, 환경운동단체에서도 이런 경향은 아주 비슷한 모습을 보이고 있다.

하지만 이상하게도 연보를 통해 학교의 장학금, 건축비, 연수비나 기관 운영비 등등의 재원을 충당해 주는 기부자는 이 반열에 오르지 못하거나, 그 존재를 인정해도 비전을 달성하고 미션을 공유하는 핵심 관계자로 인정하지 않는 경향이 있다. 연보하는 기부자를 학교의 교직원이나 학부모, 운영위원 등등과 비교하여 그저 재원을 대주는 자로만 인식할 뿐 미션과 비전을 같이 할 동역자로 인정하지 않는다는 것이다. 연보하는 기부자는 그 동역자 그룹에서 제외되어야 할 확실한 이유가 없는 데도 말이다.

기부는 그 기관의 미션에 동의하는 자가 하나님께서 자신에게 선물로 주신 재물을 공유하는 것이다. 액수의 많고 적음이 문제가 아니다. 연보하는 자들 중에 재물이 쓸데없이 너무 많이 남아돌아 기부하는 사람은 없다. 하나님께서 선물로 주신 재물을 그 풍성함에 따라 즐겁고 행복하게 그리고 가치 있게 사용할 곳은 많고도 많다. 그럼에도 불구하고 기부하는 이유는 그 기부가 자신에게 맡겨진 재물에 대한 하나님의 뜻과 가르침에 부응한다고 생각하기 때문이다. 그렇다면 하나님께서 주신 달란트로 기관과 기관의 미션을 섬기며 달성하고자 하는 사람이나 이를 위해 연보하는 기부자나 똑같이 존중되어야 함이 마땅하다.

기관의 업무 속으로 들어가보면 연보를 모으는 일은 기피 업무가 되어 있다. 되도록 하고 싶지 않은 일인 것이다. 단체 내의 다른 업무나 활동인 수혜자를 찾고, 단체의 임직원을 지원하고 격려하고, 프로그램을 만들어 실행하고, 세상과 사람들에게 우리 단체의 존재와 우수함을 알리는 일, 홈페이지를 개편하거나 최소한 재정의 출납을 정리하는 일들에 비하여 기부자를 찾아 요청하고 행사를 진행하는 일은 그 선호도에서 아주 후순위이고 웬만하면 다른 누군가가 해 주기를 바라는 부담스러운 업무이다.

기부자와 기부금을 모으는 일은 기관의 재정을 책임져야 하는 정말로 부담스러운 업무이다. 기관의 다른 업무들은 재정을 사용하여 수혜자들을 돕거나, 기관을 알리거나, 기관을 유지하는 일들로 돈이 흐르는 방향에서 모금과는 반대의 방향이다. 기관의 프로그램에 참여하는 사람이나 사업을 위탁하는 사람 또는 단체에게서 돈(사업비)을 받고 일을 해 주는 것은 합리적인 것으로 아주 당당한 것임에 비해 뭔가 가시적으로 돌려주는 것 없이 돈을 받는 모금은 그렇게 합리적이지도 당당해 보이지도 않는다.

그리스도인으로서 모금 활동에 참여하는 분들이 이 책을 통해 이 장애물을 거뜬히 넘어설 수 있기를 소망한다. 바울이 모금가의 본으로서 이 장애물을 넘어가는 데 큰 힘과 가르침을 제공할 것이다.

너희의 사랑의 진실함을 증명하고자 함이라
고린도후서 8장 8절

1장

기적을 만든 예루살렘 사람들

1장
기적을 만든 예루살렘 사람들

세상은 위대한 리더가 바꾸는 것 아닌가?
세상을 바꾸려고 노력하면 내가 그 열매를 볼 수 있어야지!
내가 하는 작은 일이 세상을 바꾸는 데 보탬이 될까?

    자신도 모르게 세상을 바꾼 일에 동참하거나, 세상을 바꿀지 어떨지도 모르는 일이나 먼 훗날에 세상을 바꾸는 계기를 마련한 일에 동참한 사람들이 많이 있다. 어느 날 친구를 따라 광장에 나가 시위를 벌인 사람들, 가족을 따라 신대륙으로 이주한 사람들, 자신도 모르게 세상을 바꾼 사람들을 도와준 사람들, 세상이 주목하지 않은 궂은 일을 담당하여 주인공들을 빛나게 한 조연급 인사들… 그런 사람들은 역사에 이름이 남아 있지 않고 그 공을 기억하는 사람도 소수에 불과하고, 그 사람들이 남긴 흔적이나 사건만 기억되거나 그 사건마저도 크게 주목받지 못하는 경우도 많다. 바로 이들이 세상을 바꾼 숨은 사람들이다.

그리스도의 복음이 세상을 바꿨다

기독교가 세상의 중심에 서서 인류의 구원을 이룰 수 있었던 결정적인 계기는 로마에 교회가 세워지고, 그 교회를 기반으로 복음이 전 세계로 전파되고 확장된 것이라는 점을 부인하기는 어려울 것이다.

로마 교회는 바울에 의해 세워진 것은 아니었고 누군가에 의해 이미 공동체의 모습을 갖추고 있었다는 게 정설이다. 그래도 바울은 당시 세계의 중심이면서 복음으로 변화시켜야 할 핵심 대상으로 로마를 지목했다고 할 수 있다. 그래서 로마서에 따르면 바울은 어떻게 해서든 로마를 방문하기를 원했으며(롬 1:10), 죄수의 상태에서라도 로마에 가고자 했다(행 25:11). 그리고 복음에 대한 확고한 이해와 그에 따른 삶의 모습을 장문에 걸쳐 편지로 보낼 정도로 관심이 있었다. 이런 점을 고려해 본다면 바울이 로마에 이르기 전에 로마에는 '하나님의 사랑하심을 받고 성도로 부름받은 자들'(롬 1:7)로 이루어진 공동체가 이미 존재했다고 봐야 할 것이다. 여기에 바울이 로마로 이송된 이후에 2년 동안 '하나님의 나라를 전파하며, 주 예수 그리스도에 관한 모든 것을 거침없이 가르치면서'(행 2:31) 로마의 교회는 급속하게 기독교가 세상의 중심으로 세워지는 토대를 마련했다고 할 수 있을 것이다. 복음이 세상을 바꾼 결정적인 일이 일어난 것이다.

유대와 사마리아 그리고 이방의 아시아와 로마로 복음이 전파된 이후 250여 년이 넘도록 온갖 핍박을 받던 기독교는 313년 콘스탄티누스 황제에 의해 공인을 받았고, 380년에는 테오도시우스가 칙령을 반포하여 사실상 제국의 국교로 선포되었다. 그 후 391년에는 기독교 이외의 이교적 행위가 전면 금지되었고, 392년에는 로마제국 전역에서 기독교를 국교로 채택하였다. 이후 기독교는 유럽과 근동을 넘어 세계적인 종교가 되었다.

이렇게 로마를 비롯하여 아시아 등으로 기독교 복음

이 전해진 데는 바울의 역할이 주요했다는 것을 기독교인이라면 누구나 알고 있으며, 이방 지역과 로마로 여러 차례 선교를 떠났던 바울의 배경에는 안디옥교회가 있었다는 것도 알고 있다. 그러니 세상을 바꾼 로마교회는 안디옥교회라는 중요한 징검다리를 빼고는 성립하기 어려웠다는 것을 점을 기억해야 한다.

승천하신 그 해 오순절 세상의 변화가 시작되었다

안디옥교회의 근원을 이해하려면 예수님이 십자가에서 돌아가시고 부활하여 승천하신 해의 유월절로부터 살펴봐야 한다.

유월절에는 정말 많은 유대인들이 본인과 가족의 신앙을 지키고 고양하기 위해 예루살렘으로 향한다. 예수님도 어린 시절 부모님과 함께 유월절을 지키기 위해 예루살렘으로 올라가셨다(눅 2:41~42). 해마다 전례를 따라 그리했다고 기록된 것으로 보아 많은 유대인이 이 절기를 매년 지켰을 것이고, 이 축제 시기에 예루살렘으로 가는 것은 자신들의 정체성을 지키고 확인하는 통상적인 일이었을 것이다.

예수께서 돌아가시던 그해에도 여전히 유월절의 예루살렘은 각처에서 온 유대인과 개종자들로 북적댔을 것이고, 그 수가 수만 명은 되었을 것이다. 유월절 명절을 지키러 온 사람들 중에는 상당수의 헬라인도 있었고(요 12:20), 갈릴리 지역을 통치하던 헤롯왕도 유월절에는 예루살렘에 와 있었다(눅 23:7).

예수께서 유월절 준비일에 돌아가시고 안식일이 지나 부활하셨을 때에도 예루살렘에는 사람들이 많이 남아 있었다. 유월절 이후 무교절이 이어졌고, 오순절까지 많은 사람들이 원래 살던 곳으로 돌아가지 않고 예루살렘에 머물곤 했다. 예수님도 어린 시절에 집으로 돌아가지 않고 성전에서 선생들과 토론을 벌였다고 하니(눅 2:46) 유월절이 지나도 가능하다면 집으로 돌아가지 않고 예루살렘에 머무는 것이 통상적인 관행이었을 것이다.

이런 상황에서 죽임을 당하신 예수께서 부활하신 후 40일 간을 제자들과 함께 보내고 승천하셨다(행 1:3). 오순절이 다가오고 있었어도 예루살렘에는 여전히 사람들이 많았다. 특히 천하 각국에서 경건한 유대인이 예루살렘에 와서 아직 돌아가지 않고 남아 있었다(행 2:5).

이들은 유대를 포함하여 아시아, 아프리카, 로마 등 10여 개 이상의 지역에서 온 사람들이었다.

> 우리가 바대인과 메대인과 엘람인과 또 메소보다미아, 유대와 갑바도기아, 본도와 아시아, 브루기아와 밤빌리아, 애굽과 및 구레네에 가까운 리비야 여러 지방에 사는 사람들과 로마로부터 온 나그네 곧 유대인과 유대교에 들어온 사람들과 그레데인과 아라비아인들이라
> **(사도행전 2:9, 10)**

그리고 오순절에 이르러 베드로를 비롯한 제자들이 성령을 받고 방언으로 말하고 베드로는 모여 있던 천하 각국의 경건한 유대인들과 예루살렘 사람들에게 설교를 한다(행 2:14). 베드로의 설교를 들은 그들은 마음에 찔려(행 2:37) 세례를 받고 신도(제자)가 되었으며, 그 수가 삼천 명이나 늘었다(행 2:41). 유월절을 지내기 위해 예루살렘에 모여든 사람들 중에 오순절까지 머문 사람이 수없이 많았을 것이니 구원을 받아 신도가 된 사람의 수도 우리가 놀랄 만큼 많았던 것이다.

여기에서 문제가 생겼다. 부활하시고 승천하기까지

예수님과 함께한 제자의 수는 불과 120명 내외였다(행 1:15). 그런데 갑자기 챙겨야 할 사람이 삼천 명 이상 늘어난 것이다. 신도가 된 삼천 명이 사도들의 가르침을 받고 교제하며 기도하며 함께 떡을 떼는 삶을 살기 시작한 것이다(행 2:42). 가르침을 받고 교제하며 기도하는 것이야 그럭저럭 언어가 같은 지역 사람끼리 모여서 한다고 해도 떡을 떼며 먹는 것은 아주 실제적인 사안이었다. 이미 유월절부터 예루살렘에 와 있던 사람들인지라 오순절 무렵에는 준비한 여행경비도 다 떨어졌을 것이니 자기들 스스로 숙식을 해결하기가 어려울 수밖에 없었을 것이다.

그런데 그 수많은 사람들이 먹는 것에 어려움이 없이 기쁨과 순전한 마음으로 음식을 먹고 지내게 된다(행 2:46). 하지만 불과 120명 정도의 제자들이(그것도 당시 상황으로는 드러내 놓고 활발한 활동을 하기도 어려운) 삼천 명도 넘는 사람들의 먹거리를 감당하기는 참으로 버거웠을 것이다.

그 해결책이 바로 자발적이고 자선적인 나눔이었다.

믿는 사람이 다 함께 있어 모든 물건을 서로 통용하고
또 재산과 소유를 팔아 각 사람의 필요를 따라 나눠주

> 며 날마다 마음을 같이하여 성전에 모이기를 힘쓰고 집
> 에서 떡을 떼며 기쁨과 순전한 마음으로 음식을 먹고
>
> **(사도행전 2:44-46)**

제자들과 예루살렘에 살던 신도들은 자신의 물건을 내놓거나 공유했다. 물론 다른 나라나 지역에서 온 사람들도 아직 남아 있는 자기 돈이나 물건을 통용했을 것이다. 더 나가 재산과 소유를 팔아 나눠주거나 음식이나 떡을 마련하여 모두가 함께 먹었다고 한다. 당시 사도들로 말미암아 기사와 표적이 일어났다고 하는데(행 2:43), 이렇게 물건과 재산, 소유를 공유하고 팔아 나누는 이것이야말로 기적과도 같은 일이었다.

그렇게 예루살렘의 제자와 신자들은 서로 가진 것을 나누며 기쁨의 공동체를 이루었고 하나님을 찬미하였다. 자연스럽게 사람들 사이에 칭송이 커져 갔고, 또 그래서 믿는 사람의 수는 날마다 더해갔다(행 2:47).

또 한 번 더 베드로가 설교하니 무려 5천 명이나(그것도 남자만 헤아려서) 믿는 자의 수가 늘어나고(행 4:4) 이전에 믿은 자들과 이들 모두는 물건을 서로 통용하는 것으로 예루살렘 공동체를 유지해 갔다. 그리고 그중에 구브로

사람 레위 족속의 부자 요셉(바나바)이 자기 밭을 팔아 그 돈은 사도의 발 앞에 두고 이를 각 사람의 필요에 따라 쓰게 한 대표적인 인물이었다(행 4:33~37).

> 믿는 무리가 한마음과 한 뜻이 되어 모든 물건을 서로 통용하고 자기 재물을 조금이라도 자기 것이라 하는 이가 하나도 없더라. 사도들이 큰 권능으로 주 예수의 부활을 증거하니 무리가 큰 은혜를 받아 그 중에 가난한 사람이 없으니 이는 밭과 집 있는 자는 팔아 그 판 것의 값을 가져다가 사도들의 발 앞에 두매 그들이 각 사람의 필요에 따라 나누어 줌이라. 구브로에서 난 레위족 사람이 있으니 이름은 요셉이라 사도들이 일컬어 바나바라 (번역하면 위로의 아들이라) 하니 그가 밭이 있으매 팔아 그 값을 가지고 사도의 발 앞에 두니라
>
> (사도행전 4:32~37)

그렇게 믿는 자의 수가 또 늘어나고 공동체는 커지고, 그들은 가르침을 받고 기도하며 교제하였다. 그들은 그저 예수를 메시아로 인정하고 고백한 평범한 유대인과 이방인들이었다.

기적을 경험한 사람들이 안디옥교회를 세우다

자발적 나눔의 공동체를 살아가던 예루살렘교회는 핍박을 받기 시작하고 스데반의 설교와 순교 이후로 핍박과 환난은 점점 더 심해져 갔으며 그로 인해 사도 외의 사람들은 유대와 사마리아 모든 땅으로 흩어졌다(행 8:1). 이때 흩어진 자들 중 몇 사람이 안디옥에 이르러 유대인과 헬라인에게 주 예수를 전파하여 교회를 세우게 된다.

> 그때에 스데반의 일로 일어난 환난으로 말미암아 흩어진 자들이 베니게와 구브로와 안디옥까지 이르러 유대인에게만 말씀을 전하는 데 그중에 구브로와 구레네 몇 사람이 안디옥에 이르러 헬라인에게도 말하여 주 예수를 전파하니 주의 손이 그들과 함께하시매 수많은 사람들이 믿고 주께 돌아오더라
>
> (사도행전 11:19~21)

주목할 점은 안디옥에서 구브로와 구레네 몇 사람이 헬라인(이방인)에게 복음을 전했고, 다른 사람은 안디옥에서 유대인에게 복음을 전해 교회가 커졌다는 점이다.

구브로 사람은 예루살렘에 있다가 핍박으로 인해 흩어진 사람들에게서 복음을 들었고, 그 사람들이 구레네 사람들과 함께 안디옥에서 주 예수를 전했는데 구레네 사람은 사도행전 2장에서 오순절에 베드로의 설교를 듣고 신자가 된 사람들 중에 포함되어 있었다.

결국 예루살렘교회에서 믿는 사람들이 재물을 통용하여 먹여 준 덕분에 사도의 가르침을 받고 기도하며 교제한 유대인과 이방 사람들이 안디옥에 이르러 교회를 세우고 키웠다는 것이다. 예루살렘에서 물건을 통용하고 밭과 집을 팔아 섬긴 사람들의 자선적인 기부로 인해 신앙이 자란 사람들이 안디옥에 이르러 교회를 세운 것이다.

이렇게 안디옥교회가 커지고 소문이 나자 예루살렘교회에서는 바나바를 안디옥으로 파송한다(행 11:22). 바나바의 사역으로 교회가 더 커지자 바나바는 자기의 고향 다소에 머물던 바울(예전 믿은 자를 핍박하던 사울)을 데려와 안디옥교회에서 함께 사역하고(행 11:25~26) 안디옥교회의 리더로 세운다(행 13:1).

이렇게 세월이 흐르고 하나님의 역사가 이어지던 중, 안디옥교회는 바나바와 바울을 이방 선교를 위해 따로 세워 안수하였고 이후로 터키 지역과 그리스 지역 선교여행을 거쳐 바울은 최후에 로마에 이르러 복음을 전하게 된다. 로마교회는 베드로의 설교를 듣고 신자가 된 로마인(행 2:10)이 예루살렘에 머물다가 핍박 이후 로마로 돌아가 세웠을 가능성이 있고, 바울은 세상이 중심인 이 로마를 꼭 방문하고 싶어 했다. 그리고 재판을 받는 몸으로 로마에 입성하여 2년 간 하나님 나라를 전파하며 주 예수 그리스도에 관한 모든 것을 담대하게 거침없이 가르친다(행 28:30~31). 그 후의 일은 앞서 이야기한대로 세상 변화의 기독교 역사가 펼쳐진다.

자발적 나눔이 세상을 바꿨다

전체 흐름을 살펴보면, 결국 세상을 하나님 나라로 바꾸는 역사의 근원은 예수님이 돌아가시던 해 오순절에 수천 명을 먹여 준 사람들의 신자들의 자발적 기부(연보)에서 시작한다. 만약 그 당시 예루살렘에서 이 연보가 없었다면 베드로의 설교로 회심한 대부분의 사람들은 여행경비가 떨어져 사도의 가르침이나 기도, 교제를 부실하게 경험한 채로 고향으로 돌아갈 수밖에 없었을 것이다. 구브로나 구레네 사람들이 안디옥에 그리스도를 전하고 교회를 세우는 일어나지 않았을 수도 있었다는 것이다.

사도들로 인한 기사와 표적이 나타났어도 예루살렘 사람들이나 부자라서 예루살렘에 남을 수 있었던 극히 일부의 사람들만(예를 들면 바나바와 같은) 그 은혜를 누렸을 것이고, 이후 안디옥교회의 설립과 성장, 바나바와 바울의 안디옥 사역과 이방 지역 파송, 그리고 로마교회의 성장은 전혀 다른 양상의 역사로 전개되었을 것이다.

이제 우리는 자신의 물건을 통용하고 밭과 집을 팔아 공유한 예루살렘의 평범한 그리스도인들이 세상을 바꾼 숨은 사람들임을 인정해야 한다. 그들은 자신의 재물을 하나도 자신의 것이라 주장하는 이가 없이 자선을 베풀었고 그렇게 많은 사람 중에도 가난한 이가 없는 공동체를 이루었다. 그 결과로 세상을 변화시킬 선교의 역사가 가능했고 세상은 예수 그리스도의 이름이 오롯이 인정되는 세상으로 변하였다.

그들은 그저 예루살렘에 남아 있던 수천 명의 신앙 동료들이 굶는 것을 볼 수 없어서 물건을 공유하고 재산을 내놓았는지도 모른다. 부활을 전하는 사도들의 말씀을 듣고 보니 예수님이 곧 다시 오실 것 같아, 재물의 가치가 그리 중요한 것은 아니라 생각하고 선뜻 매각하고 그 돈을 공동체에 내놓았는지도 모른다. 그리고 그들의 그런 나눔과 베풂이 세상을 바꿀 거라고 기대하지 않았을지도 모르지만 그들과 그들의 자선으로 인해 세상은 바뀌었다.

지금도 자선은 세상을 바꾸고 있다

세상을 변화시키는 자선과 기부는 초대교회가 가장 확실한 사례가 되지만 현대 사회에서도 여러 경우로 나타난다. 지금 현대 사회에서는 세상을 바꾸고자 하는 수많은 프로젝트가 진행되고 있다. 그중에서도 자선을 기반으로 세상에 긍정적인 영향을 크게 미치거나 세상을 바꾼 이들이 일어나고 있다. 그중 우리나라에서 20세기 초반에 자선이 사회에 기여한 두 가지 사례를 의료 분야와 교육 분야에서 하나씩 살펴보자.

성모병원 건립을 위한 자선과 의료 변화
한국 가톨릭은 의료를 통한 인간존중을 실현하기 위

해 일제강점의 어려운 시기에도 수많은 자선적 기부를 바탕으로 성모병원을 이 땅에 세웠고 한국과 가톨릭계의 대표적인 의료원으로 영향력을 키워왔다.

성모병원 건립을 위한 모금캠페인과 자선적 기부는 1931년에 9만원을 목표로 시작되었다. 성모병원의 설립을 추진한 인사들은 영혼구원과 육신 치료라는 미션을 전면에 내세워 병원설립과 모금 명분을 마련하였다.

> '우리 성교회에서 전교하는 큰 목적은 물론 남의 영혼을 구하여줌에 있습니다마는 남의 육신을 구하여 주고 남의 육신의 고통을 덜어주는 것도 전교사업의 큰 방법이오니 대저 이로써 그 영혼까지 구하여 주게 됩니다.'
> **(조선교구 설정 백주년 기념 병원 설치 제안문 중에서, 1931년)**

모금캠페인의 시작과 동시에 동성상업고등학교 학생들이 50원을 기부하였고 논산 본당의 예수성심소년회 학생들은 하기방학을 이용하여 과일장사, 나무장사, 심부름 등을 해서 모은 6원을 기부하였다. 그리고 인천의 장씨(500원), 경성의 이씨(1000원), 임씨(1000원), 또 다른 이씨(500원), 김씨(315원) 등 거액기부가 이어졌다.

이와 같은 자선적 기부참여에 힘입어 1936년 치유자

이신 예수 그리스도의 가르침에 따라 의료진 15명, 24병상의 '성모병원'이 서울 명동에 설립되었고, 지금은 서울 강남 지역에 위치한 서울성모병원을 비롯하여 8개의 병원을 운영하는 한국 대표하는 의료원의 하나인 가톨릭의료원으로 성장하였다.

가톨릭의료원은 1945년부터 무료이동진료를 시작하였고 1964년 무료진료소 설치, 1972년 자선 전담 조직인 사회사업과의 설치는 물론 자선병동 운영, 한센병연구소를 통한 나환자 치료와 구제, 산업화 시대의 그늘인 산재환자를 위한 병동 운영 등 이 땅의 아프고 소외된 자들을 위한 봉사에서도 한국 사회를 견인해 왔다.

90여년 전 시작된 설립 모금 운동과 많은 이의 기부 참여가 우리나라의 치료와 건강, 의료 연구와 교육의 핵심 의료원으로 성장 기여하는 데 주춧돌을 놓은 것이다. 그동안 가톨릭의료원이 성장하고 발전하여 사회적으로 기여하는 데에는 많은 의료진의 노력과 헌신이 바탕을 이루었지만, 그 시작에는 여러 명의 거액기부자나 땀을 모아 기부한 소액기부자들의 재정적 헌신과 기여가 있었음도 분명한 사실이다.

보성전문학교의 자선과 고등교육 변화

보성전문학교(이하 보전, 현재 고려대학교)는 1905년 대한제국 황실의 지원으로 설립된 교육기관으로 1935년에 개교 30주년을 맞이하게 된다. 당시 보전은 민간이 운영하는 전문학교로서 최고의 학부였지만 그 위상과 역할을 제고하기 위해 학교 설립 30주년 기념사업의 하나로 모금캠페인을 추진한다. 모금캠페인의 목표액은 30만원이었으며 완료 예정기간은 1934년 12월 말일까지였다. 주요 프로젝트는 도서관(10만원), 대강당(6만7천원), 체육관(3만원) 건립과 도서구입(10만원)이었지만, 최종적으로는 도서관 건립과 도서 구입 그리고 대운동장 구비로 변경되었다.

보전 모금캠페인은 초기 거액 기부 위주로 진행되었다. 1933년 11월 4일에 기념사업회와 실행위원회가 출범한 후 약 4개월 동안(1934년 3월까지)에 목표액의 30%가 넘는 9만 1천여원이 거액기부를 통해 확보되었다. 1934년 2월 16일에 각각 1천원에서 3천원의 기부자 10명을 동아일보에 공개하였고, 3월 20일에는 총 7만7천원의 모금액수와 기부자 그리고 기부액을 공개하였다.

보전기념사업기부금 제1회 신청액 칠만칠천원

(기사 생략)

금일만원 구성 최창학, 금일만원 담양 고광표, 금오천원 광주 현준호, 금삼천원 경성 김재수, 금일천오백원 순창 노병준, 금일천오백원 경성 이중익, 금일천원 무안 김용무, 금일천원 경성 박흥식, 금일천원 고창 이휴열, 금일천원 경성 이종구, 금일천원 김제 장현중, 금일천원 무명씨, 금이만원 경성 김성수, 금이만원 경성 김연수

계 칠만칠천원

(자료: 동아일보 1934. 3. 20.)

이와 같은 초기 거액모금 활동은 상당한 탄력을 받아 1만 2천원의 추가 거액기부를 포함해 1934년 5월까지 약 20만원 이상의 기부금이 모집된다(동아일보 1934. 5. 10. 자 참조). 공식적으로 모금캠페인을 시작한 지 6개월 만에 전체 모금목표액의 2/3를 달성한 것이다.

1934년 2월 16일부터 1936년 7월 30일까지 동아일보에 게재된 기부자 수를 확인해 보면 115명이 약 21만 3천원의 기부를 하고 있다. 그리고 모금캠페인 기간 동안 일본 고베(神戸) 유학생 12명의 소액기부(1934년 4월, 31원 50전), 유산기부(1934년 5월, 김신일 여사, 5백원), 그룹 단위 기부

(1935년 12월, 5천원), 민립대학설립 운동 기금 편입(1937년 9월 3일, 전북 김제, 1천원) 등의 다양한 기부가 일어나면서 모금 캠페인이 1937년에 종료된다.

30만원의 모금캠페인을 진행한 보성전문학교는 현재 세계 대학 중 80위권의 고려대학교로 도약하였고 국내의 대표적인 사학으로 발전하였다. 이 학교를 통해 배출된 정치, 경제, 사회, 문화, 스포츠, 시민사회계의 인사가 수없이 많다는 것과 국가 현대사에서 민주화와 산업화에 기여한 점은 대다수 국민들이 잘 알고 있다. 이러한 발전과 사회 기여에는 교직원과 동문, 학생의 노력과 헌신이 바탕이 되었지만, 개교 30주년을 맞아 거액과 소액을 기부하여 학교 발전의 토대를 마련한 기부자들의 숨은 기여가 토대가 되었다는 점도 꼭 기억해야만 한다.

세상을 바꾼 자선활동들

세상을 바꾼 성공적인 자선활동들은 그 성공에 이르

기까지 상당히 오랜 시간이 걸렸다.[1] 성공한 자선사업들의 90%가 20년 이상의 시간이 걸렸고 중간값은 45년이었다. 이 오랜 세월 동안 정부의 재정지원이 있었고, 다양한 주체들의 적극적인 협업과 협력이 있었다. 그리고 성공한 사업의 3개 중 2개는 천만 달러가 넘는 거액 기부가 한 차례 있었다고 한다.

인용한 논문에서 사회 변화를 가져온 성공적인 자선사업으로 사례를 든 이모칼리노동자조합(Coalition of Immokalee Workers)의 경우에는 수십 년 동안 주 70~80시간의 노동에 시달리며 임금착취, 언어학대, 인종차별, 신체학대, 성희롱에 노출되었던 이주노동자의 삶의 질 개선을 위해 여러 캠페인과 옹호활동을 추진했다. 계속되는 활동상의 어려움에도 불구하고 지역기반의 소액 자선기금, 종교기반 자선단체, 공공복지재단의 지원으로 문제해결의 단초를 찾았다. 그리고 그 단초가 성공하면서 여러 성공사례로 확장되었다. 사회적으로 변화가 반드시 필요한 이슈를 위해 여러 자선단체와 그 기

---

1) 본 내용은 '세상을 바꾼 자선활동: 사회변화를 불러 온 열다섯 가지 자선사업이 우리에게 준 교훈', 수전 울프 디크코프와 에비브 그린돌, Harvard Business Review Korea, 2017년 9-10월호에서 소개된 것을 정리한 것이다.

부자들이 후원함으로써 수십 년에 걸친 개선책 탐색과 확장에 성공한 것이다. 이렇듯 세상을 바꾸는 일(자선활동)은 변화의 속도가 지지부진한 듯해도 수십 년 동안 끈기 있게 노력하고, 불확실한 시기였음에도 자금지원을 계속하고 기부자가 실무자와 수혜자들에게 주도권을 위임하는 모험을 통해 그 성공을 이끌어 냈다.

이런 특징은 앞서 살펴본 오순절 후 예루살렘 기독교 공동체에서 일어났던 특징을 그대로 드러내고 있다. 불확실한 시기에 자기의 재물과 자산을 내어 놓고, 내놓은 자들은 이를 사도 앞에 가져가 공평한 분배가 가능하도록 했다. 그 결과 시간이 흐른 후 안디옥교회가 세워지고 로마교회가 강건해지며 세상을 바꾸게 된 것과 아주 흡사하다. 이렇듯 현대 사회에서도 세상을 바꾸는 자선활동에는 기부자들의 자선과 협력이 결정적인 기여를 하고 있다. 이들이야말로 드러나지 않게 세상을 바꾸는 숨은 사람들인 것이다.

기독교인으로서 예배하고 사도의 가르침을 받고 기도하며 교제하는 것은 세상을 바꾸는 결정적인 활동이다. 하지만 앞서 살펴본 대로 여기에 자선적인 자발적 기부(연보)라는 또 다른 요소가 있음을 알 수 있다. 그 열매가 드러날지 불확실하고 오랜 세월이 지나 예상하지 못한 곳에서 열매가 드러날지라도 자선적 기부는 세상을 바꾸는 데 결정적인 기여를 한다. 그렇기에 자선적 기부는 그리스도인의 일상적 삶의 중심으로 들어와야만 한다.

너희의 사랑의 진실함을 증명하고자 함이라
고린도후서 8장 8절

2장

연보와 모금에 대한 오해와 진실

2장
연보와 모금에 대한 오해와 진실

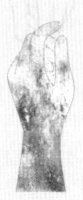

연보는 오른손이 하는 일을 왼손이 모르게 하는 것인데
모금도 그렇게 조용히 하는 것이지.
혹시나 연보를 강조하면 듣는 사람이 시험에 들거나
실족할 수 있으니 우리는 가만히 있어도 온전하신 하나님의
은혜에만 의지하자.
모금을 하는 것이 자칫 돈을 사랑하는 것처럼 보이지는
않을까? 혹시 모금은 하나님에 대한 신뢰를 상실한
부질없는 돈 걱정은 아닐까?

2장은 기독교 비영리기관과 그 종사자들, 더 나아가

보통의 기독교인이 연보와 모금에 대해 취하는 믿음과 태도를 정리해 보고자 한다. 과연 위와 같은 생각과 태도가 성경적으로 정당한 것이며, 다른 대안이 없는 유일한 방법이고 태도인가 생각해 보는 것이다. 이 장을 다 읽고 나면 연보와 모금에 대한 또 다른 관점을 얻게 될 것이다.

끊을 수 없는 하나님의 사랑

기독교를 표방하는 비영리단체나 그 단체에 근무하는 기독교인은 적극적인 모금활동에 대해서 그리 긍정적이지 않은 경향이 있다. 한마디로 정리하면 단체가 재물을 충당함에 있어 인간의 노력보다는 하나님의 은혜에 전적으로 기대는 성향이 강하다. 이러한 태도에 힘을 더해주는 성경 구절이 참 많은데 그중의 하나가 바로 로마서 8장의 구절들이다.

> 우리가 알거니와 하나님을 사랑하는 자 곧 그의 뜻대로 부르심을 입은 자들에게는 모든 것이 합력하여 선을 이루느니라. 자기 아들을 아끼지 아니하시고 우리 모든 사

람을 위하여 내주신 이가 어찌 그 아들과 함께 모든 것을 우리에게 주시지 아니하겠느냐. 누가 우리를 그리스도의 사랑에서 끊으리요 환난이나 곤고나 박해나 기근이나 적신이나 위험이나 칼이랴 … 우리를 우리 주 그리스도 예수 안에 있는 하나님의 사랑에서 끊을 수 없으리라.

(로마서 8:28, 32, 35, 39)

이 구절의 내용에 근거하여 비영리기관에 종사하는 기독교인은 단체와 사업에 필요한 재원을 하나님께서 사랑으로 채워주실 거라는 크고도 강한 믿음을 가지고 있다. 특히 몇몇 단어에 더 마음과 믿음을 두고 있는데, 모든 것(32절), 기근(35절), 끊을 수 없음(35절, 39절), 합력하여 선(28절) 등등이다. 왜냐하면, 우리는 하나님을 큰 사랑을 받는 자이고 그분의 뜻대로 부르심을 입어 이 일에 헌신하고 있기 때문이다.

하나님께서는 '모든 것'을 우리에게 주신다고 32절에 적혀 있다. 놀라운 하나님의 은혜가 아닐 수 없다. 이 한마디에 비영리기관에 종사하는 기독교인은 물론이고 모든 기독교인이 위로를 얻고 소망을 품게 된다.

비영리기관 종사자들은 사업비는 물론이고 월급이나 사무실 운영비, 사업파트너, 수혜자, 기부자나 후원금 등등 모든 것을 하나님께서 아끼지 않고 주신다는 믿음을 갖는 것이다. 아들까지 아끼지 않고 내어 주신 분인데 재물을 좀 채워주는 것이 뭐 그리 어렵거나 힘든 일이겠는가?

성경에는 곤고나 기근이 우리를 하나님의 사랑에서 끊을 수 없다고 했다. 때때로 우리는 꼭 필요한 시점에 절실한 금액을 하나님께서 보내 주셨다든가, 좋은 사람들을 예비해 두셨더라는 간증을 듣는다. 그래서 절실한 당면 문제를 해결했고 그것이 하나님의 섭리요 돌보심이요 예비하심이요 협력하여 선을 이루신 것이라 고백한다. 그렇기에 활동가와 단체는 그런 하나님을 믿고 또 하루하루 그런 은혜와 사랑을 믿고 기대하며 살아간다.

사실 인터넷에서 '필요를 채우시는 하나님'을 검색하면 정말 많은 수의 설교와 간증, 서적들이 올라온다. 0.35초 만에 11만 개가 넘는 결과가 바로 화면에 나타난다. 그중에 가장 많이 소개되는 것 중의 하나가 '고아의

아버지'로 알려진 조지 뮬러(George Muller)의 예화이다.[1]

    1830년 갓 결혼한 25살 조지는 교회가 부과하는 좌석료가 신앙에 부합하지 않는다고 하여 이를 폐지하고 헌금도 무명으로 하도록 결정했다. 그해 11월 그가 가지고 있던 돈이 거의 바닥났다. 아침에 뮬러 부부는 기도하면서 주님께 돈이 필요하다고 말씀드렸는데 4시간 후에 한 자매가 와서 주님께서 목사님께 돈을 갖다 드리라고 했다며 일주일간 생활하기에 충분한 돈을 주고 갔다. 죠지 뮬러와 아내 메리는 주님의 신실하심에 기뻐서 어쩔 줄을 몰라 했다.

    또한 그가 30명 정도 되는 고아들을 데리고 고아원을 운영하고 있었을 때, 하루는 요리사가 점심 거리가 없으니 어찌 해야 하느냐고 물었다. 뮬러는 평소대로 준비하라고 지시했고, 요리사는 빵 접시와 물컵 30개를 함께 식탁에 일렬로 올려놓고 '식사시간 15분 전입니다!', '5분 전입니다!'라고 하면서 뮬러 앞을 서성였다. 뮬러는 묵묵히 기도했고 시간은 흘러갔는데, 마침 점심시간이 다 되어 밖에서 커다란 자동차 경적이 울렸다.

---

1) 조지 뮬러의 사례는 블로그 '소년의 눈물'의 '고아들의 아버지 조지 뮬러' (https://01036186020.tistory.com/8490338)의 내용 등을 주로 인용하였다.

식료품 회사에서 고아원에 기증하려고 빵을 가져온 것이었다.

그러나 많은 비영리단체의 현실에서는 이런 일들이 매일같이 일어나지는 않는다. 후원금은 늘 부족하고, 도움을 받아야 할 사람들은 넘치는 것 같고, 함께 일할 사람은 늘 부족하다. 사무실도 허접하고 어떤 경우에는 많지도 않은 '헌신 페이' 수준인 활동비나 월급을 제때에 받지 못하는 경우도 생긴다.

단체나 활동가는 여전히 가난과 부족함에 시달린다. 결산을 하면 적자인 경우가 많고, 돈이 없어 사업이나 프로그램을 제대로 해 보지도 못하고, 허술한 장소와 부실한 물품으로 일을 꾸려 가는 것 같다. 이 자체가 우리에게 환난이고 곤고이고 우리는 여기서 헤어 나오질 못하는 것 같다. 가난과 곤고가 이미 일상의 미덕이 되어 있는 듯하다. 몇 달이나 한두 해라면 어찌 버텨보겠는데, 몇 년을 이렇게 일하고 활동하다 보면, 처음의 그 열심과 헌신이 과도한 의욕이었거나 철모르고 덤벼든 것이 아닐까 하는 생각이 들기도 한다. 앞서 예로 든 조지 뮬러도 그 사역의 시기, 특히 고아원을 건축하고 운영하는 시기에 그가 경험한 하나님의 사랑은 늘 어려움에 봉착한 시점에 경험한 것이었다.

하지만 주의해서 로마서 본문을 다시 읽어 보면, 이런 곤고나 가난이 우리를 하나님의 사랑에서 끊을 수 없다는 것이지, 가난이나 곤고, 기근이 그리스도인 활동가나 기독교 단체에 없다거나 이를 아예 처음부터 없애 주시겠다고 말씀하시는 것은 아니다. 기근과 가난, 곤고는 어쩌면 당연히 있을 수 있는 것인데, 이것이 우리를 향한 하나님의 사랑을 막을 수 없다는 것이다. 만약 하나님의 사랑을 재정적 풍요나 하나님인 주시는 물질적 은혜라고 해석한다면 자칫 하나님을 바알이나 맘몬으로 여기게 되는 우를 범하게 된다.

그렇다면 합력하여 선을 이룬다고 하는 데 이건 어떻게 받아들여야 하는 것일까? 하나님께서 협력하여 선을 이루신다면 응당 그 이루시는 모든 것에 재정적 풍요는 아니더라도 안정이나 적시에 필요한 것을 채워 주시는 것이 아닌가? 성령께서도 우리의 필요를 다 아신다고 했으니 기관의 사업에 필요한 재원이 얼마나 되는지 잘 아실 것이고, 그렇다면 합력하여 아름답게 재원을 충원해 주실 것이다. 그래서 앞에서 이야기한 기적들이 주변에서 일어나기도 한다.

이 질문은 마태복음에 기록된 예수님의 말씀과 연결된다. '무엇을 먹을까 무엇을 마실까 무엇을 입을까 하지 말라. 하늘 아버지께서 이 모든 것이 너희에게 있어야 할 줄을 아시느니라' 그렇기에 우리는 염려없이 모든 필요를 아시는 하나님께 의뢰하고 오직 그의 나라와 의를 구하기만 하면 된다.

> 오늘 있다가 내일 아궁이에 던져지는 들풀도 하나님이 이렇게 입히시거든 하물며 너희일까보냐 믿음이 작은 자들아. 그러므로 염려하여 이르기를 무엇을 먹을까 무엇을 마실까 무엇을 입을까 하지 말라. 이는 다 이방인들이 구하는 것이라 너희 하늘 아버지께서 이 모든 것이 너희에게 있어야 할 줄을 아시느니라. 그런즉 너희는 먼저 그의 나라와 그의 의를 구하라 그리하면 이 모든 것을 너희에게 더하시리라.
>
> (마태복음 6:30-33)

그러나 한발 더 가보면 또 다른 유형의 선한 협력도 있다는 점을 우리는 간과할 수 없다. 하나님께서는 자녀들 각자에게 어울리는 달란트와 은사를 주셨고, 세상과 그 재물들을 관리하도록 위탁하셨다. 하나님께서 우리에게 주신 소명과 재주, 언변을 통해 맡겨 주신 재물을 청지기들인 우리가 하나님의 이름으로 합력하여 선을 이루자고 하면 이게 하나님의 사랑과 섭리에 반하는 것인가? 우리도 하나님께서 보시기에 아주 유력한 협력자임을 우리는 인식해야 한다. 그렇기에 우리는 우리의 재능과 능력을 충분히 활용하여 합력하여 선을 이루는 것이 마땅하다.

가난이나 기근, 곤고는 어쩌면 합력하여 선을 이루시는 하나님과 우리가 함께 풀어야 할 협력과제일 수도 있다. 누군가는 씨를 뿌리고, 다른 누구는 물을 주어야 하고, 또 누군가는 자라게 한다. 씨도 뿌리지 않고 물도 주지 않고 자라기를 바라는 것이 합당한 일은 아닐 것이며, 달란트를 땅에 묻어두고 이자놀이도 하지 않은 무익한 종을 연상케 한다.

앞서 살펴본 조지 뮬러의 경우에도 그는 누구에게도 후원금을 요청한 적이 없지만 정말 많은 사람들이 크고 작은 기부금과 기부금품을 제공하였고, 그 직원들은 비용을 아끼며 노동으로 그 사역에 함께하였다. 1장의 내용과 연결하여 본다면 세상을 바꾼 사람은 조지 뮬러로 알려졌지만 뮬러의 뒤에는 숨어서 세상을 바꾼 많은 조력자와 기부자들이 있었다는 것이다. 1830년 11월에 1주일치 생활비를 기부한 여인, 점심 거리를 제공한 식료품 회사, 이들 외에도 고아원 설립 시에 무료 자원봉사한 사람들, 가구나 식기를 기증한 사람도 있었고, 고아원 운영 중 급료를 받지 않은 목회자나 가진 돈을 다 내어 놓은 직원이 있었고, 그저 지나가다가 아니면 그냥 소문을 듣고 돈을 보내 온 사람도 있었다. 고아원을 확장 이전할 때 1천 파운드를 기부한 사람, 땅 값을 깎아 준 땅 주인, 그 후로도 땅을 매입하고 건물을 건축하도록 많은 사람들이 뮬러의 고아원에 기부를 계속했다.

로마서 8장과 유사한 성경 구절에 근거를 두고 모금을 하지 않거나 소극적으로 추진하는 것도 올바른 방법 중의 하나이다. 기독교 비영리단체가 적극적으로 모금활동을 취하지 않고도 하나님 나라를 이루고 세상을 바꾸는 데 기여할 수도 있다. 주시는 분량만큼 일하고 은혜를 누리면 된다. 닥치는 가난과 곤고, 기근을 위험이나 칼, 적신과 같은 것으로 여기며 살고 활동하는 것이다. 그럼에도 우리는 하나님의 사랑에서 벗어난 것은 아님을 믿으며, 감사하고 만족하는 것이다.

그러나 모금이 단순히 돈을 모으는 것을 넘어, 하나님 나라의 미션에 기부자를 초대하고 합력하여 선을 이루는 것이며, 하나님의 재물이 하나님 나라에 쓰이는 통로와 장을 마련하는 아주 적극적인 성스러운 활동이라고 여긴다면 달라진다. 합력하여 선을 이루는 아주 강력하고도 유효한 미션활동이 바로 모금이기 때문이다. 모금을 통해서도 가난과 곤고, 기근이 우리를 하나님의 사랑에서 끊을 수 없음을 충분히 경험하고, 합력하여 선을 이루시는 하나님의 은혜를 똑같이 누릴 수 있기 때문이다.

그리고 예수님께서 하늘 아버지는 우리의 필요를 다 아시니 우리는 하나님의 나라와 의를 구하라 하셨는데, 적극적으로 모금에 나서고 알리는 것이 그의 나라와 의를 구하는 것에 반하는 행동은 아닐 것이다.

모금은 믿음 없는 돈 걱정

우리는 어릴 때부터 우리가 들꽃이나 새들보다 소중하다는 소리를 귀가 따갑도록 듣는다. 그리고 돈 걱정은 믿음 없는 이방인이나 하는 짓이며, 돈을 걱정하는 것은 하나님을 반하는 것이라 들어 왔다. 그 근거가 바로 위에 있는 마태복음 6장의 예수님 말씀이다. 그렇기에 우리는 우리의 필요에 대해 하나님께서 채우심을 믿고 살아간다. 그리고 이 교훈에 따르면 적극적이고 체계적인 연보 모금 활동은 이 가르침에 반하는 행동이 될 수도 있다.

> 한 사람이 두 주인을 섬기지 못할 것이니 혹 이를 미워하고 저를 사랑하거나 혹 이를 중히 여기고 저를 경히 여김이라 너희가 하나님과 재물을 겸하여 섬기지 못하느니라. 그러므로 내가 너희에게 이르노니 목숨을 위하여 무엇을 먹을까 무엇을 마실까 몸을 위하여 무엇을 입을까 염려하지 말라 목숨이 음식보다 중하지 아니하며 몸이 의복보다 중하지 아니하냐. 공중의 새를 보라 심지도 않고 거두지도 않고 창고에 모아들이지도 아니하되 너희 하늘 아버지께서 기르시나니 너희는 이것들보다 귀하지 아니하냐.
>
> **(마태복음 6:24-26)**

현실적으로 얘기하자면 모금은 '돈(기부금품)을 모으는 행위'로서 정말 돈에 관한 활동이다. 돈을 기부해 달라 하지 않고, 돈을 모으지 않는다면 모금 활동은 없는 것이다. 그렇기에 현상적으로 모금 활동을 벌이는 것은 돈의 부족을 해소하고 사업을 위해 넉넉하게 사용할 재물을 구하는 것으로 보인다.

그렇기에 많은 경우 모금은 돈에 관한 사항인 동시에 이를 적극적으로 추진하는 것은 하나님의 경제적 돌보심에 대한 믿음의 부족에서 오는 행동으로 오해하는 경향이 있다. 이런 생각과 주장은 모금을 '자신'을 위한 돈을 추구하는 것이라고 본다면 타당할 수 있다.

앞에서 살펴본 조지 뮬러도 모금을 비성경적이라 하여 결코 찬성하지 않았다. 모금을 해서라도 고아원을 잘 운영하자는 동료의 제안에 대해 뮬러는 "자네 방법은 하나님의 방법이 아냐, 난 돈에 대해서는 누구에게도 요청하지 않겠네. 난 하나님께 구하겠어. 그것이 내가 할 수 있는 전부야."라고 말하고 있다.

하지만 모금은 다른 면이 있다. 바울은 여러 교회에 보낸 편지에서 모금이 단순한 돈 걱정이 아님을, 더 나아가 믿음 없는 행동이 아님을 당당하게 설명하고 있다.

먼저 연보를 취함이 자신을 위한 것이 아니고 어려움에 처한 예루살렘교회를 위한 것임을 밝히고 있으며,

자신에게 일부의 연보가 나뉘어져 왔더라도 이는 연보하는 자의 자발적 의지에 따라 바울을 위해 사용된 것임을 이야기하고 있다.(고후 11:9) 그리고 연보가 받는 자에게도 하나님의 은혜이지만 기부자에게도 은혜이므로 이 은혜가 기부자에게 풍성하기를 간구한다.(고후 8:7)

또한 자신의 재정상태에 대해서도 스스로 부한 상황에서도 가난한 상황에서도 만족하며 살아가고 있음을 언급하여(빌 4:11-12) 연보의 목적이 바울의 풍성함과 직접적 관련이 적음을 이야기한다. 바울은 자신의 목숨을 위하여 무엇을 먹을까 무엇을 마실까 몸을 위하여 무엇을 입을까 걱정하지 않으면서 교회와 교인들에게는 강력하게 연보를 권장한다.

더 중요한 것은 바울은 연보가 그리스도가 보여 준 사랑과 희생의 본을 따르는 것이라고 이야기한다는 점이다.(고후 8:9) 그렇기에 연보는 사랑의 진실함을 증명하는 것이며, 모금은 그리스도의 본을 따라 사랑의 진실함을 보이는 것이다.(고후 8:8) 이 말씀들에 근거한다면 우리가 사랑과 나눔을 표방하면서 모금에 나서지 않는 것은 그리스도의 사랑을 본받으라 권면하는 데 소극적인 것으로 봐야 한다. 이에 관한 깊이 있는 관찰과 해석이 이 책의 주요 목적 중의 하나이고 그 내용은 3장에서 자세히 볼 수 있다.

이와 같은 바울의 권면을 반영하여 선교에 모금의 원리와 방법을 적극적으로 적용하고 있는 단체가 있다. 미국의 InterVarsity라고 하는 대학선교단체로 한국의 한국기독학생회(IVF)의 형제 단체이다. 이 단체는 2019년 기준으로 미국 내 772개 대학의 1,121개 지부에서 34,153명의 학생이 활동하고 있으며, 지난 한 해 동안 3,140명의 학생으로 하여금 그리스도를 영접하도록 했다.

이 단체는 원래 영국에서 1877년 케임브리지(Cambridge) 대학의 몇몇 학생에 의하여 시작되었고, 50여 년이 지난 1928년 영국IVF의 부의장이자 의대 졸업생인 하워드 기니스(Howard Guinness)를 캐나다로 파견하여 북미 지부를 개척한다. 놀라운 것은 이때 영국에서 하워드 기니스에게 겨우 캐나다에 가는 편도 배삯만을 쥐어 준 것이다. 조지 뮬러가 고아원을 처음 시작하던 상황과 별반 다른 것이 없었다.

기니스가 캐나다에 도착하고 10여 년이 흐른 후에 미국 학생의 요청에 따라 캐나다 대표인 스테이시 우드

(Stacey Woods)가 미국의 미시건 대학을 방문하였고 1938년 미국지부가 결성된다. 그 후 80여 년이 흐른 지금 미국 지부는 위와 같은 규모로 성장하여 700개가 넘는 캠퍼스에서 복음을 전하는 데 일조하고 있다.

InterVarsity US는 2019년에 약 9천만 불의 기부를 받았는데, 이는 2007년부터 시작된 '2020 Vision Campaign'에 따라 3년 간 전개한 1천만 불 목표의 모금 캠페인의 역사를 토대로 한다. 이 모금캠페인에서 100명의 기부자로부터 목표액의 80~90%를 1년 안에 모은다는 대담한 계획을 적극적으로 추진하였다. 그 과정에서 대표는 메시지를 통해 유력한 잠재기부자를 소개하도록 요청하기도 하였다. 현재에도 단체는 홈페이지 등의 다양한 채널을 통해 단체를 거쳐 간 백만 명의 졸업생으로 하여금 기도와 봉사는 물론 후원에 참여하도록 적극적으로 독려하고 있다. 그 결과 단체를 거쳐 간 졸업생의 11%가 단체에 기부하고 있다.

영국으로부터 북미로 건너올 때 InterVarsiy는 거의 맨손이었고 오로지 하나님의 은혜와 섭리, 인도에 의지해야만 했을 것이다. 하지만 지금 미국지부는 전담 모금 조직을 두고 적극적으로 활동을 전개하여 연간 수만 명의 기부자가 단체의 미션과 비전을 이루어가는 데 참여하고 있다.

이렇듯 모금은 '내 돈' 걱정이 아니라, 제3의 '이웃, 형제'를 위한 미션 활동이다. 다시 말해 모금은 내 필요를 충족하려고 돈을 구하는 것이 아니라 이웃과 형제를 위한 사랑의 행동이며 가장 현실적인 배려이다. 그리고 모금은 기부자의 삶이 하나님과 화평을 이루기를 권하는 신앙적, 공동체적 회복 활동이며, 개입이고, 권면이다. 그 권면은 수혜자의 유익을 추구하는 것인 동시에 본질적으로 믿음의 본인 예수 그리스도를 본받으라는 신앙적 권면이다. 다시 말하지만 모금은 믿음 없는 돈 걱정이 절대 아니다. 수혜자의 염려를 덜어주는 것인 동시에 기부자로 하여금 하나님의 본을 따르며 돈 걱정 없이 살아가라는 복음인 것이다.

아나니아와 삽비라의 딜레마

우리가 재물에 관해 예수님의 가르침이나 바울이 가르친 바를 명심하여 재물을 섬기지 않고, 하늘나라에 보화를 쌓기로 작정한다고 해도 그것을 실행에 옮기는 것은 아주 힘든 일이다. 거기에는 나름 성경에 좋은(?) 본보기와 가르침이 있다.

부자가 하나님 나라에 들어가는 것이 그렇게 어렵다면 예수님의 가르침처럼 마땅히 우리의 재물을 어떻게든 처분하여 가난한 자들에게 주는 것이 하나님 나라의 백성이 되는 유력한 방법일 것이다. 그러나 구약 시대 롯의 아내나 예수님을 만난 부자 청년의 예를 굳이 들지 않더라도 그런 마음을 먹기가 그리 쉽지는 않다. 아마 이는 100년 평생을 기다려 얻은 아들을 다시 제물로 드려야 하는 아브람의 심정과도 크게 다를 바는 없을 것이다. (아브람이 그걸 이겨냈으니 여호와께 의로운 자로 인정을 받았다는 점을 상기하자.)

> 예수께서 이 말을 들으시고 이르시되 네게 아직도 한 가지 부족한 것이 있으니 네게 있는 것을 다 팔아 가난한 자들에게 나눠 주라 그리하면 하늘에서 네게 보화가 있으리라 그리고 와서 나를 따르라 하시니 그 사람이 큰 부자이므로 이 말씀을 듣고 심히 근심하더라. 예수께서 그를 보시고 이르시되 재물이 있는 자는 하나님의 나라

에 들어가기가 얼마나 어려운지 낙타가 바늘귀로 들어
가는 것이 부자가 하나님의 나라에 들어가는 것보다 쉬
우니라 하시니

(누가복음 18:22-25)

그렇게 크게 마음을 먹고 어떻게든 실행에 옮겨보려 해도 이번에는 아나니아와 삽비라가 우리의 마음을 걸고넘어진다(행 5:1~11). '혹시 중간에 마음이 바뀌고 그래서 나도 혹시나 그들처럼….!?!' 이를 어쩔 것인가? 부자 관원처럼 아주 난감한 상황에 처해 근심할 수밖에 없다. 그러니 결론은 '연보할 마음을 아예 먹지 말자!', '죽을 때쯤, 이생에 대한 아무런 미련이 남지 않았을 때쯤 다시 생각해 보자!' 이런 생각이 들지 않겠는가?

좀 더 가보면, '난 마음이 없는데 우리 교회 목사님이 강권하니 조금이라도 낸 거다', '그 사람이 정말 눈물겹고 거절하기 어려운 사연을 이야기하니 어쩔 수 없이 내는 것처럼 보여도 이게 나의 마음먹은 만큼이다.' 어쩌면 이런 경우에는 연보를 권하거나 요청하는 사람을 아예 만나지 않는 것이 인생에 보탬이 된다. 그리고 '내 삶을 보전하기 위해선 섣불리 연보(그것도 전 재산을 내놓는)는 지금 나에게 권하지 마라', '연보 그거 아니어도 내가 하나님 백성이고 아들로 살아가며 천국에 가는 데에는 지장이 없이 열심히 잘 잘고 있다'라는 등의 자위를 하게 된다.

이처럼 우리는 이러저러한 핑계를 대며 아나니와와 삽비라의 딜레마를 피하면서, 열심히 일해 선물로 받은 모든 재산을 섣불리 내놓지는 않을 거라 마음을 먹거나 마음을 먹었더라도 이를 실행에 옮기기 어려워한다.

이런 딜레마 앞에서 우리는 몇 가지 점검해 볼 사안이 있다. 우선 아나니와 삽비라의 행동에 대한 베드로의 대응이다. 베드로는 이 부부에게 그 재산권이 기본적으로 부부에게 있고, 매각대금의 처분권도 그들에게 있음을 지적한다(행 5:4). 그럼에도 불구하고 얼마라도 공동체에게 내어 놓았다는 점을 상기한다면 둘 다 죽음에 이른 것은 좀처럼 이해하기 힘들다.[2]

추정컨대 이들은 바울이 말한 사랑의 진실함(고후 8:8)이 없었거나, 예수님께서 지적하신 것처럼 사람에게 보

---

2) 이 부부가 죽음에 이른 이유에 대해서는 다양한 신학적 해석과 추정이 가능하지만, 단순히 매각 대금을 숨기고 연보를 반만 했다는 드러나는 이유만을 지적하지는 않는다. 하나님의 특별한 역사가 일어나던 시대적, 교회적 상황이 고려되어야만 한다는 것이다.

이러고 의로운 척했을(마 6:1) 가능성이 높다. 이들 부부가 소유를 팔아 사도의 발 앞에 두던 공동체의 상황을 살펴보면 '믿는 무리가 한마음과 한 뜻이 되어 모든 물건을 서로 통용하고 자기 재물을 조금이라도 자기 것이라 하는 이가 하나도 없던'(행 4:32) 모습이었으니 아마 이 부류에 속하고 싶은 압박이 있었을 것으로 추정된다. 기부를 하면서 다른 사람 눈을 의식하지 않으면 된다. 그야말로 왼손이 알든 말든 오른손의 일을 하면 되는 것이다.

다음으로 바울은 고린도교회에 연보를 준비하라 하면서, 이는 명령이 아니라(고후 8:8) 뜻을 알리는 정도로 권면하고 있다. 다시 말해 연보는 어떤 신앙적 명령이나 계명은 아니고, 권하는 자의 간절한 마음을 담아 요청하는 자발적 행동이다. 그래서인지 바울은 고린도에 보내는 두 번째 편지에서 그렇게 많은 지면을 할애해 연보를 알리고 권면했는지도 모른다. 명령이 아니니. 결국 연보는 하지 않아도 죄가 되지는 않는다. 다만 사랑의 진실함을 증명하고자 한다면 그냥 실천하면 되는 것이다. 아나니아와 삽비라의 딜레마를 떨쳐 버리고.

그렇기에 기독교 모금가들은 바울이 연보를 어떻게

해석하고 모금을 실천하는지를 잘 살펴보고 배워 적용할 필요가 있다. 연보를 하면서도 두려워한다든지 그 두려움에 연보를 꺼리지 않도록 기부자를 충분히 안심시키고 인정하는 게 필요하다. 마치 초대교인들이 자발적으로 연보할 수 있도록 한 것처럼 말이다.

알리지 않는 아름다운 구제

아나니아와 삽비라의 딜레마가 극단적으로 부정적인 측면에서 연보를 꺼리는 드문 사례인 반면, 긍정적인 측면에서 기독교인에게 기부나 자선, 구제와 관련하여 가장 강력하게 마음과 뇌리에 자리 잡고 있는 구절을 들라면 아마 가장 먼저 떠올리는 것이 이 구절일 것이다. '오른손이 하는 것을 왼손이 모르게 하여'.

> 사람에게 보이려고 그들 앞에서 너희 의를 행하지 않도록 주의하라 그리하지 아니하면 하늘에 계신 너희 아버지께 상을 받지 못하느니라. 그러므로 구제할 때에 외식하는 자가 사람에게서 영광을 받으려고 회당과 거리에서 하는 것 같이 너희 앞에 나팔을 불지 말라 진실로 너희에게 이르노니 그들은 자기 상을 이미 받았느니라.

> 너는 구제할 때에 오른손이 하는 것을 왼손이 모르게 하여 네 구제함을 은밀하게 하라. 은밀한 중에 보시는 너의 아버지께서 갚으시리라.
>
> (마태복음 6:1-4)

예수님께서는 1절에서 하나님의 상을 받는 의의 행동에 관해 이야기하시는데, 6장 전체를 통해 구제, 기도, 금식, 재물의 4가지를 이야기하신다. 네 가지를 관통하는 것은 이 모두가 의로운 것일 수 있음에도 불구하고 자기 영광이나 사람들에게 보이려고 하는 것은 의롭지도 못하고 하나님의 상을 받을 수 없다는 것이다.

그중에서도 가장 먼저 1절에서 4절에 걸쳐 구제에 대해서 말씀하시는데, 익히 아는 바대로 사람들에게 영광을 받으려고 자신의 구제 활동을 나팔 불듯이 알리는 것은 하나님의 상에서 멀어지는 것이다. 은밀하게 행하는 구제가 하나님의 은밀한 상을 보장한다. 그렇기에 그리스도인은 자선과 기부, 구제를 겸손한 마음과 태도로 행해야 한다. 결코 남이 알아주기를 바라거나, 뭔가 되돌아올 대가를 기대한다거나, 칭찬을 기대해서도 안 된다.

얼굴 없는 천사들

2015년 12월 24일 크리스마스 이브에 인터넷에는 '숨은 온정' 세밑 온기가 되다…'얼굴 없는 기부천사들'이란 제목의 연합뉴스발 기사가 올라왔다. 기사 도입부와 일부 인터뷰를 생략하고 기부와 기부자 내역만 정리하면 다음과 같다.

- 23일 오후 4시께 대구사회복지공동모금회에 '준비한 성금을 기부하고 싶다. 근처 식당으로 잠깐 나와 달라'는 전화가 걸려왔다. 이 기부자가 2012년부터 매년 공동모금회에 1억원 이상을 기부하는 '키다리 아저씨'임을 직감한 대구공동모금회 직원은 인근 식당에서 이 사람을 만나 봉투 하나를 건네받았다. 1억 2천여만원이 들어 있었다.

- 같은 날 오전 10시께 부산시 동구 초량6동 주민센터에도 익명의 기부자로부터 10kg짜리 쌀 100포대가 배달됐다. 지난해에 이어 두 번째다. 이날 부산시 감만1동 주민센터와 수영구 수영동 주민센터에도 10kg짜리 쌀 50포대가 배달됐다.

- 지난 18일 오전 10시께는 경남 김해시청 시민복지과 사무실을 찾은 남루한 차림의 노부부가 1천

만원이 든 봉투와 함께 "좋은 일에 써달라"는 말만 남기고 황급히 돌아섰다. 지난해 12월에도 이 사무실에 3천만원이 든 봉투를 놓고 간 이 노부부는 "올해는 경기가 좋지 않고 가계 형편도 좀 어려워져 기부 금액이 작년보다 적다"며 오히려 미안해했다.

- 최근 의정부시청에는 이름을 밝히지 않은 사람으로부터 13kg짜리 바나나 100상자가 배달됐다. 벌써 5년째다.
- 지난달 27일에는 자신을 전남 장성에 산다고 밝힌 70대 노인이 "평생 아껴가며 모은 돈이다. 훌륭한 인재를 키워달라"며 1억원을 쾌척했다. 그는 12년 전 실명했다는 사연도 전했다.
- 광주시 동구에도 최근 이름을 밝히지 않은 2명으로부터 어려운 이웃에게 전달해 달라며 20kg짜리 쌀 100포대와 50포대가 전달됐고,
- 지난 10일 대구 중구 반월당역 자선냄비에는 한 50대 여성이 500만원짜리 수표가 든 봉투를 넣고 가기도 했다.
- 이 밖에 이달 10일 의정부시 호원1동사무소에 아버지와 두 아들이 신원을 밝히지 않은 채 200만

원을 주고 갔으며,

- 청주시 상당구 용암2동사무소에도 한 주민이 3년째 쌀과 라면 등을 맡기고 돌아갔다.

이렇게 자신을 알리지 않고 기부하는 분들이 기독교인인지는 알 수 없으나 오른손이 하는 기부를 왼손에 알리지 않은 이분들에게 하늘나라에 쌓은 상급이 있음은 분명할 것이다.

여기에 또 한 사례가 있다. '얼굴 없는 천사'로 위키백과 인터넷판에 올라와 있는 '알리지 않는 아름다운 구제'를 20여 년간 지속한 분의 이야기이다.[3]

전주의 얼굴 없는 천사는 전라북도 전주시 중노송2동 주민센터에 19년째 기부를 이어오고 있는 신원 미상의 선행인을 말한다. 얼굴 없는 천사에 의한 기부는 2000년에 처음 시작된 것으로 보이며, 매년 연말 성탄절을 전후로 익명 기부를 이어오고 있다. 가장 최근에 기부한 날짜는 2019년 12월 30일이다.

얼굴 없는 천사의 활동은 2000년 4월 3일부터 시작

---

[3] 본 내용은 위키백과 한글판(https://ko.wikipedia.org/wiki/얼굴_없는_천사)에서 인용하였다.

되었다. 당시 초등학교 3학년으로 보이는 남학생이 중노송2동 사무소 민원실을 찾아, '불쌍한 사람을 도와주세요'라는 말과 함께 58만 4000원이 든 돼지저금통을 올려놓았다. 초등학생은 50대 아저씨로부터 부탁받은 것이라고 말하고 사라졌다. 이후로

- 2001년 12월 26일 74만 2800원
- 2002년 5월 4일 100만원 그리고 12월 24일 161만 2060원
- 2003년 12월 23일 536만 7330원
- 2004년 12월 22일 544만 8350원
- 2005년 12월 26일 1045만 5180원
- 2006년 12월 21일 851만 3210원
- 2007년 12월 27일 2029만 8100원
- 2008년 12월 23일 2038만 1000원
- 2009년 12월 28일 8026만 5920원
- 2010년 12월 28일 3543만 1620원
- 2011년 12월 20일 5024만 2100원
- 2012년 12월 27일 5030만 4600원
- 2013년 12월 30일 4924만 6740원
- 2014년 12월 29일 5030만 4390원

- 2015년 12월 30일 5033만 9810원
- 2016년 12월 28일 5021만 7940원
- 2017년 12월 28일 6027만 9210원으로 기부가 계속 이어졌으며,

그리고 2019년 12월 30일 오전 10시경에도 기부를 알리는 전화를 했으나 절도범 2명이 그 상자를 훔쳐갔고, 범인을 검거했으나 금액이 알려지지 않았다. 한두 번은 어쩌다 알리지 않고 기부를 할 수 있으나 20년에 이르도록 자신의 신분을 알리지 않고 기부한다는 것은 정말 어려운 일이다. 그러니 백과사전에까지 등재되기도 한 것이다.

이렇게 알리지 않고 아름답게 기부하는 분들이 있음에도 불구하고 오죽하면 예수께서 구제에서 외식하지 말라고 이렇게까지 말씀을 하셨을까 하는 생각이 들기도 한다. 당시의 유대인 지도자들 중에 구제나 기도, 금식 깨나 한다는 사람들 재물 좀 있다는 자들이 얼마나 자신을 드러내고 과시했길래 그러실까 하는 생각이 든다.

이런 면에서 본다면 구제한 자가 스스로 이름을 밝

히고, 구제받은 자와 연락을 한다든지 찾아간다든지 하는 것은 깊이 생각해 볼 여지가 있다. 자선을 베푼 자가 누구인지 수혜자에게 직접 드러나지 않는 것이 예수님의 가르침에 합당한 것일 수 있기 때문이다. 이는 바람직하지 않은 것을 넘어 그들이 하나님으로부터 받을 상이나 갚음을 제하는 것이므로 아주 위험한 일이 된다.

이런 하나님의 뜻을 간파하여 유대인들은 기부의 수준을 여러 단계로 나누고 기부자 본인이 직접 드러난 '결연'이나 직접 전달을 가장 낮은 수준의 기부로 보고 있다. 성숙한 기부가 되려면 기부받는 자가 기부자를 모르는 것이 좋고 단순한 지원보다는 자아실현에 이르도록 하는 기부를 최고의 기부로 꼽고 있다. 초기 예루살렘에서도 재물을 그저 사도의 발 앞에 가져다 놓으면 필요한 자가 가져다가 사용했고, 그 후에도 필요한 자에게 직접 전달하기보다는 공동체에 재물을 가져오면 세워진 자들에 의해 유대인에게 헬라인에게 배분되었던 것을 볼 수 있다. (사도행전 4장과 6장)

이와 같은 기부자의 태도와 비교하여, 성경의 다른 한편에서는 공동체의 부족함을 채우고 공동체와 성도를 시원케 한 자들을 알아주라고 얘기한다. 구체적으로 그 이름을 거명하면서 말이다. 사도 바울 역시 연보를 제대로 시행한 마케도니아교회 등을 다른 교회에 소개하면서 그 열심과 아름다움을 공개적으로 이야기한다.

또 하나의 비유를 더 생각해 보면, 예수님께서는 혼인잔치에 청함을 받은 손님이 스스로 높은 자리에 앉는 것은 나중에 부끄러움을 당할 수도 있으니 피하는 것이 마땅하다고 하셨다. 청함을 받았으니 높은 자리에 앉고 싶은 것이 사람의 마음일지 모르나 주인이 청해 높은 자리로 안내할 때까지는 끝자리에 앉아 있는 것이 모든 사람의 영광을 받은 수 있는 길이라는 것이다.

> 청함을 받은 사람들이 높은 자리 택함을 보시고 그들에게 비유로 말씀하여 이르시되, 네가 누구에게나 혼인잔치에 청함을 받았을 때에 높은 자리에 앉지 말라 그렇지 않으면 너보다 더 높은 사람이 청함을 받은 경우에 너와 그를 청한 자가 와서 너더러 이 사람에게 자리를 내주라 하리니 그 때에 네가 부끄러워 끝자리로 가게 되리라. 청함을 받았을 때에 차라리 가서 끝자리에 앉으라. 그러면 너를 청한 자가 와서 너더러 벗이여 올라 앉으라 하리니 그 때에야 함께 앉은 모든 사람 앞에

서 영광이 있으리라.

(누가복음 14:7-10)

자선하는 자와 그 공동체, 청함받은 자와 혼주를 생각해 보면 기부자나 구제를 행하는 자는 스스로를 낮추어 끝자리에 위치하고 겸손하게 드러나지 않음이 타당하나, 공동체나 비영리단체는 그를 알리고 높은 자리고 안내하여 옮기는 것이 올바르다고 할 수 있다. 오른손이 하는 일을 왼손이 모르게 하라 하셨다고 해서 비영리단체가 기부자에게 '당신의 자선과 기부를 알리지 맙시다.'라고 하는 태도를 취한다든지, '말석에 앉는 것이 청함받은 자의 겸손한 태도요'라고 말하는 것은 형제와 이웃을 사랑하라는 계명이나, 좋은 일한 자를 알아주라는 가르침에 반하는 것이다.

금식과 기도를 열심히 하는 자들에 관해서는 다른 교인에게 본받으라는 권면을 하고, 이런 행동이 하나님과 교인을 시원케 하는 것이라는 것을 알리고자 하면서, 같은 선상에서 의로운 행동의 반열에 있는 구제의 아름다움은 왜 굳이 숨기려 할까?

금식과 기도, 그리고 구제는 자기 입으로 자랑하는

것도 아니고 남에게 드러내려 해도 안 되는 것이다. 그러나 공동체 차원에서 보면 기도하는 자, 금식하는 자와 마찬가지로 구제하는 자와 그 행동도 성도 섬기기를 작정한 것이고 성도의 부족함을 채우는 것이며, 성도를 시원케 하는 것이므로, 이들을 똑같이 알아줘야 한다.

> 형제들아 스데바나의 집은 곧 아가야의 첫 열매요 또 성도 섬기기로 작정한 줄을 너희가 아는지라 내가 너희를 권하노니 이같은 사람들과 함께 일하며 수고하는 모든 사람에게 순종하라. 내가 스데바나와 브드나도와 아가이고가 온 것을 기뻐하노니 그들이 너희의 부족한 것을 채웠음이라. 그들이 나와 너희 마음을 시원하게 하였으니 그러므로 너희는 이런 사람을 알아 주라.
>
> (고린도전서 16:15-18)

그렇다면 우리는 구제하는 자들이 교만에 빠지지 않고 하나님 나라에서 상급을 받을 수 있도록 지혜롭게 그들을 알아주고 알리는 것이 필요하며, 이는 공동체의 주요한 덕목이 된다. 기독교 비영리기관들이 이 덕목을 따른다면 비록 기부자가 자신의 기부에 대해 스스로 겸손하게 숨긴다 하더라도 기관은 이를 잘 알아주는 감사와, 예우, 알림을 시행하는 것이 타당하다.

 앞서 살펴본 '얼굴 없는 천사'의 경우에도 기부금을 받은 주민센터의 직원들이 기부자의 실체를 알아보려고 무던히 공을 들였다. 이런 공을 '기부자가 원하지 않는데 왜 쓸데없이 알아내려고 하느냐'라고 비난할 수는 없다. 그리고 위키백과에 의하면 전주시는 이 얼굴 없는 천사를 기념하는 각종의 사업을 진행하고 있다.

 2009년 9월 4일, 전주시장은 얼굴 없는 천사의 뜻을 기리는 마음에서 동사무소 근처의 도로를 기념 도로로 조성하고, 얼굴 없는 천사에 대한 기념비도 세우기로 발표하였다. 기념비는 12월 중순에 제작이 완료되었으며, 2010년 1월 12일 동사무소 앞 화단에 세워졌다. 기념비에는 '얼굴 없는 천사여, 당신은 어둠 속의 촛불처럼 세상을 밝고 아름답게 만드는 참사람입니다. 사랑합니다.'라는 글귀가 새겨져 있다.

 그리고 2010년 노송동 주민센터 앞 750m 구간 도로의 이름도 '얼굴 없는 천사의 거리'로 바꾸었으며, 2011년부터는 노송동 일대 마을의 '천사마을' 가꾸기 사업계획이 추진되어, 주민 문화공간과 테마존 등이 건립되었다. 2012년 10월에는 천주교 전주교구청부터 노송동 주민센터까지 약 2km 구간을 '천사의 길'로 조성하였으며, 2015년 2월에는 얼굴 없는 천사의 뜻을 기리는 '천사의 날개' 벽화가 세워졌다.

2010년 4월 20일 전주시는 얼굴 없는 천사를 '전주시민의 장 특별공익장' 수상자로 선정하였다. 상징적 의미의 수상이므로 이를 주민센터나 시청에 전시토록 하였다. 2011년 12월 9일에는 '얼굴 없는 천사'를 바탕으로 재구성한 연극 〈노송동 엔젤〉을 선보였으며, 2017년 4월에는 얼굴 없는 천사를 배경으로 한 영화 《천사는 바이러스》가 전주국제영화제에서 상영되기도 하였다.

무엇보다도 이 얼굴 없는 천사를 따르는 '모방 기부'도 등장하였다. 2009년 12월 16일에는 전주시 팔복동과 서신동, 완산동 주민센터 등 3곳에 '익명의 천사'들이 317만 원을 맡기는 등, 그달에만 시내 주민센터에 돈과 쌀을 맡긴 사례가 10건을 넘었다고 한다. 그리고 전라북도 남원시에서도 익명의 기부자가 2009년부터 3년간 연말에 적지 않은 액수를 주민센터 측에 전달한 사례도 보도됐다.

이처럼 알리지 않고 기부를 하는 사람도 아름답고, 이 아름다운 분에게 감사하고 적절히 예우하는 것도 아름답다. 오른손이 하는 일을 왼손이 모르게 해야 한다고 해서 기부자의 의로운 행동을 단체가 숨기는 것은 바람직하지 않다. 물론 알리고 싶지 않다는 기부자의 의도와 마음을 존중하고 따르는 것이 우선이기는 하지만 말이다. 하지만 성도를 섬기기로 작정한 이들을 알아주라는 성경 말씀을 어떻게 할 것인가?

너희의 사랑의 진실함을 증명하고자 함이라
고린도후서 8장 8절

3장

연보와 모금의 성경적 토대

3장
연보와 모금의 성경적 토대

연보가 기도나 금식, 예배처럼 반드시 해야 하는 것은 아닐
거야, 그러니 굳이 재정적 부담을 느끼면서까지 해야 할
이유가 있을까.
신앙이 좋다고 연보를 꼭 해야 하는 것은 아닐 거야.
그 어느 과부처럼 가진 재산을 다 내놓아야 할 지도 몰라.
십일조나 헌금으로 충분한 거 아닌가?
연보는 또 뭔가 다른 게 있는 건가?

   3장에서는 고린도후서와 다른 바울서신의 내용을
중심으로 연보와 모금의 성경적 토대를 살펴본다. 이를

통해 우리는 연보와 모금이 신앙의 정수에 위치하고 있다는 것을 알 수 있고, 진정한 신앙인의 삶은 연보를 빼고 이야기할 수 없으며, 연보를 권하는 모금이 바로 전도와 선교의 성직이라는 것을 알 수 있다.

새로운 만나

고린도후서에 기록된 바와 같이 바울에 의하면 연보는 그 근원이 출애굽 시대의 만나로 거슬러 올라간다. 유대인에게 있어 출애굽과 만나의 내러티브는 여호와 하나님의 존재와 속성, 그리고 이스라엘 민족 공동체의 정체성에 대한 출발 토대를 제공한다.

출애굽은 이스라엘 백성에게 '야훼 하나님의 백성'으로 자신들의 정체성을 제공한 원천적 사건이며, 만나 공급은 그 과정에서 하나님께서 섭리하시고 그 존재감을 드러내신 일이며, 인생을 돌보시는 하나님의 사랑을 가장 상징적이며 현실적으로 보이신 것이다.

> 기록된 것 같이 많이 거둔 자도 남지 아니하였고 적게 거둔 자도 모자라지 아니하였느니라. **(고린도후서 8:15)**

고린도후서 8장의 이 구절에 따르면 하나님은 바울을 통해 '연보=만나'라는 등식을 제공한다(출 16:17~18). 만나를 오멜로 되어 보니 많이 거둔 자나 적게 거둔 자나 부족함이 없었더라는 그 원리를 연보에 적용하는 것이다. 그렇다면 연보는 단순하게 돈만을 얼마 전달하는 도움이 아니다. 연보는 믿음의 공동체에서 하나님의 존재와 섭리를 드러내는 가장 근본적이고 현실적인 원리이다.

만약에 만나를 가족의 필요보다 더 많이 거두어 왔다면, 이는 당연히 가족의 필요보다 적게 거두어 온 집안이나 집안의 사정상 만나를 거두지 못한 가정과 나누는 것이 타당하다. 하루가 지나면 벌레가 생기고 냄새가 났기 때문이다. 그렇다면 연보를 만나와 닿아 있는 것으로 해석한 바울의 견해와 성경의 기록에 충실한다면 초대교회의 연보는 구약의 만나를 통해 광야의 시대에 드러낸 은혜와 믿음, 나눔의 구체적인 증거이며 하나님의 마음과 돌보심을 구현하는 장치이다.

그렇기에 바울은 아시아의 여러 교회는 물론 로마교회에도 연보를 하나님 나라 백성이 마땅히 해야 할 행동이며, 공동체의 상징적이고 실질적인 행동으로 강력하게 권면하고 있다. 연보의 현실적 이유이자 출발이 예루살렘교회의 어려움을 돕고자 하는 것이더라도, 이를 단순히 불쌍한 자를 돕고 가진 것을 조금 나눠주는 착한 행동 정도로 여기는 것이 아니라는 것이다. 연보에는 하나님의 뜻을 드러내는 거룩함과 서로가 하나님의 백성임을 확인하는 의미, 하나님의 섭리와 가르침에 순종하고 동참하는 의로움이 담겨 있다.

다시 조지 뮬러에게로 돌아가 보자. 뮬러는 상황이 어려울 때마다 하나님께 더 깊이 기도했다고 한다. 그때마다 어쩌면 조금 부족해 보이도록, 또는 만족할 만한 수준으로 여러 기부자의 손을 거쳐 충족되었다. 뮬러는 그것이 다 하나님의 은혜라고 간증하였지만 그것은 다른 사람이나 회사들의 나눔으로 구현된 새로운 만나였다고 할 것이다.

그리스도의 가난하게 되심

바울은 연보를 광야 시대의 만나와 연결짓는 데에서 그치지 않는다. 연보의 근본이 예수 그리스도의 가난하게 되심에 있다고 강력하게 말하고 있다. 그리스도께서 가난하게 되심에 대해서는 빌립보서 2장에서 그 정수를 말하고 있다. 하나님과 동등한 하나님의 본체께서 낮고 천한 이 땅에 사람의 모양으로 낮추심으로 가난하게 되셨다고 한다.

> 우리 주 예수 그리스도의 은혜를 너희가 알거니와 부요하신 이로서 너희를 위하여 가난하게 되심은 그의 가난함으로 말미암아 너희를 부요하게 하려 하심이라.
> **(고린도후서 8:9)**

그렇다! 성경에서 바울을 통해 이야기하는 자선과 연보의 근원은 예수 그리스도께서 이 땅에 오심이다. 연보를 한다는 것은 예수 그리스도의 순종과 사랑을 실천하는 것이며, 연보를 권하는 것은 예수 그리스도의 마음과 삶, 그 순종을 본받으라는 강력한 미션활동이다.

연보와 관련된 또 한 가지는 그 가난해짐으로 인해 우리가 부요해진다는 점이다. 예수 그리스도의 가난해지심이 우리를 부요케 하는 것이라면, 우리가 그리스도의 가난해지심의 본을 따르는 것은 누군가를 부요케 하는 결과를 가져온다. 고린도후서 8장 14절에서 바울은 이를 균형되게 함이며 공동체성을 확인하는 것이라 서술하고 있다.

바울은 고린도 교인에게 연보가 '그리스도의 가난케 됨을 본받는 것'이라 가르쳤다. 그리스도를 아는 자들이라면 이 가르침을 따르는 것이 당연하다는 것이 바울의 가르침이다. 이렇게 그리스도인의 연보는 바로 예수 그리스도의 순종과 마음, 행함을 본받아 따르는 것이다. 연보는 일종의 명령인 동시에 기독교의 가장 핵심에 닿아 있는 원리이고 행동이다.

그렇다면 우리 기독교인에게 (더 나아가 일반 시민들에게) 연보를 권하는 모금이란, 사람들에게 그리스도의 마음을 품고 본받으라는 권면이다. 우리는 그리스도의 마음을 본받아 행하라 권하는 것을 선교요 전도라 하며, 이를 하나님의 근본적 명령이라 믿는다.

> 너희 안에 이 마음을 품으라. 곧 그리스도 예수의 마음이니 그는 근본 하나님의 본체시나 하나님과 동등됨을 취할 것으로 여기지 아니하시고 오히려 자기를 비워 종의 형체를 가지사 사람들과 같이 되셨고 사람의 모양으로 나타나사 자기를 낮추시고 죽기까지 복종하셨으니 곧 십자가에 죽으심이라. 이러므로 하나님이 그를 지극

히 높여 모든 이름 위에 뛰어난 이름을 주사 하늘에 있
는 자들과 땅에 있는 자들과 땅 아래에 있는 자들로 모
든 무릎을 예수의 이름에 꿇게 하시고

(빌립보서 2:5-10)

그렇기에 연보를 권하는 모금이란 바로 선교이고 전도이며, 가장 실제적인 방법으로 그리스도를 본받으라 권하는 것이다. 결국 모금은 그 무엇과 비교하여 후순위로 처져서는 안 될 미션이요 성직인 것이다. 그래서 영성 신학자인 헨리 나우엔(Henri Nouwen)도 모금은 성직(ministry)이라 설파하고 있다. 그의 주장을 간단하게 들어 보자.[1]

> 복음의 관점에서 보면, 모금은 위기에 대한 반응이 아니다. 모금은 그 무엇보다도 성직의 한 형태이다. 이것은 우리의 비전을 선언하는 것이며, 우리의 미션으로 다른 사람들을 초대하는 것이다.

---

1) 본 내용은 Henri Nouwen Society가 발행한 "The Spirituality of Fund-Raising"(HENRI J. M. NOUWEN, 2004)에서 일부 인용한 것이다. Henri Nouwen Society에서 무료로 활용할 수 있도록 발행한 자료이나, 최근 이 자료를 기초로 유료의 책이 발간되었고, 한국어로도 번역되었다.

모금은 다른 사람들에게 우리의 미션과 비전에 참여할 수 있는 기회를 제공하는 일련의 방법으로 우리의 믿는 바를 선언하는 것이다. 모금은 구걸과는 정반대의 것이다. 우리가 모금을 할 때에는 "우리가 최근에 어려움에 처했으니 제발 좀 도와주실 수 있나요"라고 말하는 것이 아니다. 오히려 "우리에게는 놀랍고도 흥분되는 비전이 있습니다. 하나님께서 당신에게 주신 자원-당신의 열정, 당신의 기도, 당신의 재산-을 통해 하나님께서 우리를 부르신 이 일에 당신 스스로를 투자하도록 초대합니다." 우리의 초대는 명료하고 믿을 만하다. (중략)
성직인 모금 활동 안에서 우리는 사람들로 하여금 자신들의 자원과 새로운 관계 방식에 들어가도록 초대하고 있다. 사람들에게 영적 비전을 심어줌으로써 우리는 그들이 그들의 자원을 우리가 활용하게 함으로써 그들도 사실 유익하다는 것을 경험하기 바란다. 우리는 그들의 기부금이 그것을 받는 우리에게만 좋은 것이라면 영적인 의미에서 모금이 아니라는 것을 진정으로 믿는다. 복음의 관점에서 모금은 사람들에게 "나는 당신의 돈을 받아 당신의 영적 여정과 영적 건강에 선한 일에만 이 비전에 투자할 것입니다."라고 말한다. 다시 말해서 우리는 그들을 회심의 경험으로 부르는 것이다.

기부자의 동기를, 특히 거액을 기부하는 분들의 동기를 분석한 러스 앨런 프린스와 캐런 마루는 기부자의 유력 동기에는 '종교적 신념'이 있다고 한다.[2] 전체 기부동기의 21%를 차지하는 이들은 독실한 신자(devote)로서 기부를 하나님의 뜻을 행하는 것으로 여기므로 비영리 단체를 재정적으로 지원하는 동기는 바로 종교적 신념이다. 그들에게 기부는 바로 종교적인 행함인 것이다. 하나님께서 부로 축복하셨으므로 그들은 이 축복을 다른 사람들과 나누는 것이 옳다고 본다.

모금은 전도와 선교, 가르침, 제자와 군사 됨은 물론이요 예배와 봉사, 교제라는 기독교와 교회의 본질적 활동과 같은 것이다. 재물을 기부하라 요청하는 것이라 해서 이를 돈을 밝히는 세속적 더 나가 속물적 태도 또는 행동으로 오해하고 그래서 좀 멀리하는 태도가 오히려 성경적인 태도가 아닐 수도 있다. 우리는 그분의 '가

---

[2] The Seven Faces of Philanthropy: A New Approach to Cultivating Major Donors (Jossey-Bass Nonprofit & Public Management Series), Russ Alan Prince & Karen Maru File, Jossey-Bass (November 30, 2001)에서 인용하였다.

난해짐'을 따르는 삶을 살아야 하며, 서로에게 이를 권면하는 것을 존중해야 하는 것이다.

이 연보의 은혜도 풍성하게

우리는 '은혜가 풍성하신 하나님'을 풍성하게 고백하며 찬송한다. 우리를 자녀 삼으시고, 그의 나라에 살게 하시며, 시와 때를 따라 필요한 것을 채우시고, 공동체와 교회를 유지하시고, 더 나아가 독생자를 주시고 등등 그 은혜는 너무나 풍성하다.

재미있는 것은 바울은 고린도교회에게 연보함과 그를 통한 채워짐이 은혜라고 말한다. 그리고 이 은혜를 성취하라 하고 이 은혜가 풍성해야 한다고 말한다. 이 성경 구절에 의하면 연보는 받는 것보다 그것을 행하는 그 자체가 은혜다. 보통 우리는 하나님께 뭘 받는 것을 은혜라고 하는데, 바울은 받은 그것을 나누는 것을 은혜라고 한다. 연보가 은혜라면 우리는 우리의 삶에서 은혜인 연보를 멀리할 근거는 전혀 없다. 오히려 이것이 차고 넘치는 풍성함이 있는 것이 우리에게 당연한 삶의 모습이다.

> 그러므로 우리가 디도를 권하여 그가 이미 너희 가운데
> 서 시작하였은즉 이 은혜를 그대로 성취하게 하라 하였
> 노라. 오직 너희는 믿음과 말과 지식과 모든 간절함과
> 우리를 사랑하는 이 모든 일에 풍성한 것 같이 이 은혜
> 에도 풍성하게 할지니라.
>
> **(고린도후서 8:6, 7)**

확실하게 바울은 연보가 모집하는 자나 받는 자에게의 선물이라기보다는 주는 자의 유익이고 은혜라고 말한다. 우리는 흔히 기부를 하면 먼저 수혜자가 받을 유익이나 도움, 그리고 기관 사업의 풍성과 안정을 생각한다. 하지만 바울은 연보는 받는 자에게 선물이기도 하지만, 주는 자에 유익한 것이라 한다.

더 나아아가 바울은 이를 '하나님께서 받으시는 향기로운 제물이요 하나님을 기쁘게 하는 것이다.'라고 말하고 있다. 우리는 우리의 예배와 삶, 믿음과 기도, 순종 등을 하나님이 기뻐 받으신다고 말하여 이에 힘쓰기를 서로 권하며 살아간다. 바울은 연보도 그런 것이니 연보를 행하는 은혜를 취하라고 권면하고 있다.

> 내가 선물을 구함이 아니요 오직 너희에게 유익하도록

> 풍성한 열매를 구함이라. 내게는 모든 것이 있고 또 풍부한지라 에바브로디도 편에 너희가 준 것을 받으므로 내가 풍족하니 이는 받으실 만한 향기로운 제물이요 하나님을 기쁘시게 한 것이라.
>
> **(빌립보서 4:17, 18)**

모금가가 추구하는 것은 기부자로부터의 돈을 받는 것을 넘어 기부자의 유익이다. 그 유익은 은혜의 풍성한 열매인데, 연보가 바로 그 풍성한 열매라는 점을 강조한다.

연보를 통해 모금가나 비영리 기관, 여러 수혜자를 돕는 것도 중요하지만, 연보자의 연보 자체가 하나님이 받으시는 향기로운 제물이고 그분이 기뻐하시는 것이라는 점이다. 그리고 연보함 자체가 하나님의 은혜라는 것이다. 초기 예루살렘의 그리스도인들에게 연보는 그저 복음을 받아들인 자가 누리는 은혜였다.

일반적으로 생각한다면 연보는 나의 재물을 내어 주는 행위이므로 연보자에게는 유익이 아니라 지출이나 재산 감소로 인식할 수 있다. 그리고 통념적으로 재산이 줄고 지출이 증가하는 것을 '은혜로운' 상황으로 인식하는 경우는 많지 않다. 그런데 바울은 반대로 재물을 내어 놓는 연보 자체가 유익이고 은혜라고 한다.

여기에서 연보와 모금과 관련하여 아주 중요한 성경적 원리가 하나 더 강조되고 부각된다. 바울은 7절에서 다른 믿음의 삶의 영역에서 풍성한 것과 마찬가지로 연보도 동일하게 풍성하기를 권장한다. 우리가 하나님을 아는 지식과 믿음에 대해 간절함을 가지고 풍성하듯이 연보에도 그리하라고 권면한다.

> 하나님이 능히 모든 은혜를 너희에게 넘치게 하시나니 이는 너희로 모든 일에 항상 모든 것이 넉넉하여 모든 착한 일을 넘치게 하게 하려 하심이라. 기록된 바 그가 흩어 가난한 자들에게 주었으니 그의 의가 영원토록 있느니라 함과 같으니라.
>
> **(고린도후서 9:8, 9)**

그렇다면 모금은 기부자의 삶에 은혜가 풍성하기를 권면하는 행위이다. 그것이 어떤 것이 되었든 교인들에게 하나님의 은혜가 풍성하기를 권하며 기원하는 것과 마찬가지로 연보를 권하는 것은 기부자의 삶이 하나님의 은혜로 풍성하기를 권하는 것이다.

수동적으로 모금 업무를 맡게 된 모금 직원들은 기부를 통해 재물은 공유하는 것을 감히 '은혜로운 것'으로 여기기보다는 일종의 '재산 감소'로 보고 기부자에게 '미안해하는' 경향이 있다. 이는 기독교인 모금가에게도 유사하게 드러나는 증상이다. 기부자가 재물을 지출하여 연보하는 것이 하나님의 은혜라고 믿는다면 모금하는 입장에서는 그 은혜를 풍성히 누리라고 권면할 수 있겠지만, 풍성한 은혜가 아니라 은혜의 감소라고 판단한다면 정말로 미안한 일이 될 수도 있다.

물론 연보를 하나님의 풍성한 은혜라고 여기지 않아도 기부나 연보하라는 것은 절대 미안해할 일은 아니다. 연보를 통해 이 땅의 불의를 낮추고 정의와 사랑을 실현하는 데 동참하자는데 그게 미안할 일은 아닌 것이다. 오히려 이에 참여하지 못함이 더 미안한 일일 것이다.

실제로 기부하면 삶이 은혜롭고 풍성해진다는 조사나 연구 결과들이 많이 있다. 우리나라 사람 중 기부 참여자의 삶의 만족 정도는 43.5%인 반면 기부 미참여자는 28.2% 정도이고, 반대로 기부 참여자의 삶의 불만족 정도는 13.8%인 반면 미참여자는 24.3%로 거의 두 배에 이른다고 한다("국민나눔실태 2013". 통계청). 미국의 경우도 비슷해서 자원활동 수행자의 68%가 '신체적으로 더 건강하다'는 느낌을 가지고 살며, 89%가 삶의 의미(예를 들면 행복함)가 개선되었다고 대답했다. 게다가 그들 중 73%는 스트레스 레벨도 낮아진 듯하다고 응답했다("Do Good Live Well Survey". 2010)

결과적으로 다른 사람을 위해 돈을 사용하거나 자선기관에 기부할 때, 사회적 관계망이 확장되면서 기부자들이 최고의 행복을 느끼고 행복한 사람은 더 많은 기부를 하며, 기부하는 사람은 더 행복해지는 선순환을 이루게 된다. 삶의 풍성한 은혜가 실제로 나타나는 것이다.

그렇기에 연보를 권하는 모금은 우리 사랑의 진실함을 재물을 통해 드러내라는 사랑의 권면이며 우리가 은혜 안에 살아 있고, 그 은혜가 풍성함을 드러내라는 권면이다. 그리스도인은 하나님의 은혜를 경험하고 그 안에 살면서 이를 드러냄을 통해 하나님 나라 백성의 공동체를 세우고 믿지 않은 이들에게 본이 되도록 하여 그들이 하나님의 품으로 돌아오게 하는 사람들이다. 바울은 말한다. 연보가 바로 이것이니 힘써 행하라고.

그리고 연보를 권하는 것은 주는 자의 유익을 우선 생각하는 것이며, 우리의 다른 믿음의 행동과 같은 수준에서 하나님이 기뻐하시는 향기로운 제물이라 한다. 그렇다면 이 연보의 권함이 어찌 은혜의 영역에서 한 수준 낮아 우리가 하지 않아도 될 행위라고 말할 수 있겠는가?

그러므로 우리 기독교 모금가는 바울의 권면과 행함을 따라 연보에 대한 근본적 태도를 재정립해야 할 필요가 있다. 누군가를 돕기 위한 기부라는 차원을 넘어, 기부자의 인생을 은혜로 풍성하게 전환하고 유지하도록 권면하는 것까지 확대해야 한다. 연보의 권면을 통해 기부자의 인생을 바꾸는 것이다. 그렇다면 모금가는 단순히 돈을 모아 전달하는 자가 아니며, 더나가 자기의 경제적 유익을 구하는 자는 더더욱 아니다. 이제 기독교 모금가는 자기 정체성을 전혀 다른 관점에서 재정립해야 한다.

균등하게 하려

앞서 살펴본 것처럼 연보는 이를 베푸는 자의 유익에도 많은 초점이 있다. 그렇다고 해서 받는 자의 유익을 간과하는 것은 아니다. 베푸는 자 못지않게 받는 자에게도 분명하고도 확실한 목적이 있다.

연보를 모아 전달하는 것의 목적을 바울은 '균등됨'이라 말하고 있다. 자세히 말하면 교회공동체 내에서 상호 연보를 통해 교회 내의 상호 보충을 통한 균등됨을 추구한다는 것이다. 연보가 또 다른 연보로 이어져 연보에 대한 보상을 연보로 받는다는 것이다.

> 이는 다른 사람들은 평안하게 하고 너희는 곤고하게 하려는 것이 아니요 균등하게 하려 함이니 이제 너희의 넉넉한 것으로 그들의 부족한 것을 보충함은 후에 그들의 넉넉한 것으로 너희의 부족한 것을 보충하여 균등하게 하려 함이라
>
> (고린도후서 8:13, 14)

이는 '긍휼히 여기는 자는 복이 있나니 그들이 긍휼히 여김을 받을 것'(마 5:8)이라는 산상수훈의 가르침과

연결된다. 서로 보충하는 긍휼의 연보가 공동체 안에서 이루어져서 모두에게 어려움이 없도록 하는 것에 목적이 있다.

그리고 이 연보는 바로 공동체에 대한 신뢰로 연결된다. 내가 공동체를 위한 연보를 했고, 어느 시점에서 이유가 무엇이든 내가 곤고에 처하면 공동체에서 연보를 통해 넉넉케 해 줄 것이라는 아주 깊은 신뢰를 연보에 담게 된다. 다시 말해 연보에 담긴 깊은 목적은 공동체적인 신뢰가 구현되는 것이다.

그렇기에 아마도 잠언에서는 '흩어 구제하여도 더욱 부하게 되는 일이 있나니'(잠 11:24상)라고 정확하게 말하고 있다. 내가 연보할 여력이 있을 때에 타인을 위해 연보한다면, 혹시 내가 어려움에 처해도 다른 공동체 사람들의 연보를 통해 더욱 부하게 될 수도 있다는 것이다. 그래서 제대로 실천되기만 한다면 연보는 세금을 통한 복지보다도 더 강력한 공동체의 안전기제가 될 수 있다. 그래서 오순절의 초대교회 중에는 가난한 사람이 없었다고 기록하고 있다.(행 4:34)

빛과소금교회의 나눔

교회가 문을 연 지 20년이 된 일산 덕양구의 빛과소금교회는 최근에야 당회를 구성하고 담임목사 위임식을 가졌다. 교인의 양적 성장에 교회의 주안점을 두지 않았던 터라 더디게 성장했지만 교회 설립 초기부터 관심을 두고 진행해 온 일이 있다. 2024년 초에 벌써 39번째를 맞이한 '독거노인과 노숙인을 위한 나눔'이다. 1년에 2차례씩 명절에 진행되었으니 이 역사도 20여 년을 맞이하는 것이다.

이 나눔에는 문화와설교연구원, 빛과소금교회와 교인은 물론 외부의 후원자와 단체가 같이 참여하여 회차별로 250만원 전후의 후원금을 모아 부근의 독거노인이나 이웃, 노숙인에게 생활에 필요한 물품을 전달한다. 성도의 가정 수나 교인 수도 많지 않고 재정이 풍성한 교회가 아니면서도 이 나눔에 대해 교회가 돌려받기를 기대하는 것은 별로 없다. 그저 교회와 어려운 이웃이 같은 동네에 있고 그래서 이웃에게 사랑과 관심을 나눌 뿐이다. 나누면서 교회에 참석하거나 옮기라고 권하는 것도 별로 없다.

목회자의 목회철학과 이를 꾸준히 실천하는 뚝심,

그리고 이에 함께하는 교인들과 친구들이 묵묵히 나눔을 실천하고 있다. 이들에게 나눔으로 세상을 바꾸거나 변혁하겠다는 비전이 있는 것은 아니다. 그냥 그리스도인이기에 작게라도 나눔의 사랑을 실천할 뿐이다. 이 나눔이 앞으로 누구에게 어떤 영향을 미치고 어떻게 유지, 확산될지는 모른다. 시간이 지나고 세대가 바뀌면 또 모양새가 바뀔 수도 있을 것이다. 그러나 이 나눔은 세상을 살아가는 지금 세대와 다음 세대에 걸쳐 어디선가는 균형을 이루는 아름다움이 기대된다.

이렇게 대가를 바라지 않은 빛과소금교회의 나눔이 비록 규모는 작지만 20여 년을 넘게 이어지는 것을 보면서 오순절 예루살렘 공동체의 나눔을 떠올린다. 오순절 이후 예루살렘에 있었던 사람들도 뭔가 거창하게 세상을 바꿔 보겠다고 자신의 재물이나 소유를 팔아 나누지는 않았지만 그 나눔이 이방교회의 연보로 연결되고 예루살렘교회가 도움을 받고 세월이 지나 파급력을 일으켜 세상을 바꾸는 데 기여한 것처럼, 이들의 나눔도 세상을 균형되게 하고 세상을 바꾸는 데 어떤 모양으로라도 열매를 맺을 것이다.

기초생활수급자 할아버지의 기부

검은 비닐봉지에 500만원을 담아 기부한 80대 기초생활수급자 할아버지의 사례는 균형되게 함의 전형적인 경우이다.[3] 2020년 2월 21일 부평의 한 행정복지센터를 찾은 80대 노인은 기초생활수급자에게 제공되는 검은 봉지를 직원에게 전달하고 사라졌다. 그 안에는 500만원이 들어 있었다. 복지센터에서 수소문하여 노인을 찾아냈지만, 그는 '나라에서 생계비와 주거 지원을 받고 있어 항상 감사했다.'며 다른 수급자를 지원해 달라고 당부했다. 결국 이 기부금은 인천의 공동모금회에 전달되었고 어려움에 처한 다른 이웃을 위해 사용되게 되었다.

이렇게 연보는 재물을 서로 나누는 기능적 역할에서 더 나아가 공동체적인 신뢰와 하나님 나라 구현에 대한 강력한 성경적 가르침이며 신뢰와 믿음의 행위이다. 연보는 개인적 동정에 근거하는 것이 아니라 공동체적인 평등과 은혜의 넉넉함을 공유함에 있는 것이다.

세상은 많은 부분에서 불균형과 불균등을 언제나 드

---

3) 본 내용은 NTD Korea Video 동영상, 2020년 2월 23일자에 오른 '검은 비닐봉지에 500만원 담아 기부한 80대 기초생활수급 할아버지' 기사를 인용하였다.

러내고 있으며, 한 축에서는 이 불균등을 누리며 강화하려는 자들이 있고 다른 한 축에서는 이를 해소하려는 노력이 투입되고 있다. 그것이 사람의 죄를 부르는 욕심으로 인한 것이든 자연 재난 때문이든, 부의 불균형, 교육의 불균형, 권력의 불균등은 물론 인권, 자존감, 공동체성 등등 수많은 가치 영역에서 불균등은 사라지지 않고 있다.

이런 불균등의 해소가 교회 밖 사람들의 역할이라고 말할 수 있는 사람은 아무도 없다. '나만 잘 먹고 잘 살자'라는 모토는 결코 기독교 공동체에 존립할 수 없다. 그렇기에 균등되게 한다는 원리는 교회의 것이며, 교회는 연보를 통해 이를 구현한다.

그렇다 하더라도 연보를 모집할 때에는 연보하는 자의 곤고를 방관해서는 안 된다. 물론 연보를 베풂으로 인해 삶이 약간은 불편해지고 넘치지 않을 수는 있으나, 나누는 자의 삶이 깊은 곤고나 가난에 빠지도록 연보를 하거나 요청해서는 안 되는 것이다. 균등됨이 목적이지 한쪽의 곤고를 다른 쪽의 곤고로 대신하는 것이 그 목적이 아니기 때문이다. 모금가가 중간에서 해야 할 일 중에 중요한 것이 상호간에 균형을 이루도록 하는 것이어야 함을 명심해야 한다.

우리가 여기서 눈여겨볼 것 중의 하나가 유대인 공동체가 기부나 기부자와 관련하여 견지하고 있는 룰이다. 유대교에서는 연보하는 자가 지나치게 자신의 재정 여건에 위협이 되는 정도의 연보를 하지 않도록 권장하고 있고, 모금가는 연보자의 삶의 여건을 확인하여 무리한 기부나 연보를 하지 않게 하거나, 다른 방법을 사용해서 그 삶의 여건이 악화되는 것을 역시 막아야 한다고 하고 있다. 유대인들이 바울서신을 인정하지 않고 구약의 전통을 따른다는 점에서 우리와 거리가 있다고 할 수도 있으나, 균등됨의 원리를 적용한다면 한번 주의 깊게 살펴볼 여지가 있다. 바울이 유대교에 깊은 권위가 있었던 사울이었던 점을 감안한다면 유대교에서 견지하고 있는 원리가 새로운 예수 공동체에게 무조건 배제되었다고도 하기는 어려울 것이다.

그렇다면 초대교회에 자발적으로 재산을 팔아서 공동체에 내놓은 자들의 행동에 대해서는 어떻게 해석해야 할까? 사도행전 4장에 서술된 요셉(바나바) 외에도 이렇게 행한 사람들이 더 있었던 것으로 보인다(행 2:45). 그렇기에 아나니아와 삽비라도 그런 생각을 했을 것이고, 이렇게 자신의 집이나 밭을 팔아 교회에 내놓은 이들은 교회에서 같이 생활하며 그 필요를 채웠을 것이고 물건을 사용하고, 먹고 마셨을 것이며, 베드로가 아나니아를 책망한 말을 보면 그 외의 다른 재산이나 수입을 가질 수도 있었다고 추정할 수 있다.(행 5:4) 다시 말해 집과 밭을 팔아 그 값을 내놓은 사람들은 스스로 공동체 구성원과 균등됨을 선택하여 살아갔고, 공동체에서 이를 수용하고 인정하였다고 할 수 있을 것이다.

> 그 중에 가난한 사람이 없으니, 이는 밭과 집 있는 자는 팔아 그 판 것의 값을 가져다가 사도들의 발 앞에 두매 그들이 각 사람의 필요에 따라 나누어 줌이라. 구브로에서 난 레위족 사람이 있으니 이름은 요셉이라, 사도들이 일컬어 바나바라(번역하면 위로의 아들이라) 하니, 그가 밭이 있으매 팔아 그 값을 가지고 사도들의 발 앞에 두니라
>
> **(사도행전 4:34-37)**

이렇게 재산을 팔아 연보를 하는 자들이 스스로 공동체 안에서 어떻게 균형됨을 이루어가야 하는지에 대

해서는 공동체 내에서 지혜를 모아 그 수준을 선택하고 보장하는 것이 필요할 것이다.

마음이 원하여, 자원하여

놀라운 것은 마케도니아 교인들이 재물이 풍족하여 풍성한 연보를 한 것은 아니라는 점이다. 그들도 '극심한 가난'에 처해 있었고, 그 가난으로 인해 그들이 내놓은 연보가 더 풍성하다고 한다. 그렇다면 기부나 연보를 하는 이의 자세는 어떠해야 하는가?

> 환난의 많은 시련 가운데서 그들의 넘치는 기쁨과 극심한 가난이 그들의 풍성한 연보를 넘치도록 하게 하였느니라. 내가 증언하노니 그들이 힘대로 할 뿐 아니라 힘에 지나도록 자원하여 이 은혜와 성도 섬기는 일에 참여함에 대하여 우리에게 간절히 구하니 우리가 바라던 것뿐 아니라 그들이 먼저 자신을 주께 드리고 또 하나님의 뜻을 따라 우리에게 주었도다.
>
> (고린도후서 8:2-5)

연보는 나(기부자)의 입장에서 하는 것이 아니라 받는

자(수혜자)의 상황을 먼저 고려하는 것이다.[4] 마케도니아 교인들에게 먼저 고려된 것은 자신들의 가난한 상황에도 불구하고 예루살렘 교회의 어려움을 고려했다는 점이다. 마케도니아 교인 중에 부자나 여유있는 사람만이 연보를 한 것은 아니다. 교인들이 '힘에 지나도록' 연보를 했다고 한다.

사람들은 여유가 넘쳐 기부하는 것은 아니다. 재물은 늘 부족한 것처럼 보이고 항상 더 있어야만 할 것처럼 우리를 유혹한다. 성경에 기록한 것처럼 '극심한 가난'에도 불구하고 연보를 했으니 힘에 부치는 것이 사실이었을 것이다.

연보는 은혜가 넘치는 거룩한 부담이라고 할 수 있을 것이다. 우리가 연보를 행함이 그리스도의 마음과 행함의 본을 따르는 것이고 그것이 기독교인의 당연한 삶의 모습이라고 믿는다면 초대교회의 여러 사람들처럼 집이나 밭을 통째로 내어 놓는 것이 이해가 된다. 그리스도께서 하늘의 영광을 내려놓고 종의 모습으로 오

---

4) 수혜자(beneficiary)라는 용어는 연보에서 그리 바람직하거나 좋은 용어는 아닌 것으로 보인다. 이는 주는 자-받는 자라는 등식을 성립하고 이 관계 안에서 시혜와 불균형의 뉘앙스와 뜻을 담고 있기 때문인 데 별다른 대안은 없어 보인다.

셨다는데 우리는 말해 무엇하겠는가. 우리가 안정과 풍요 속에 거하든지 아니면 시련과 환난 속에 살아가고 있든지 그것은 문제가 되지 않을 것이다. 우리의 살고 죽음은 물론 모든 재물은 우리의 것이 아니고 하나님께 속한 것이고 그분께서 우리에게 맡기신 것이기에.

한 발 더 나아가 그들은 이 일을 '자원하여 참여하였다'고 한다. 자원함은 뭔가 가르침이나 권면이 있으면 그것을 자신의 것으로 받아들이는 순종을 의미한다. 이것이 진정한 그리스도의 마음을 본받아 실현하는 것이다. 그리스도께서 하늘 영광을 내려놓고 이 땅에 오실 때 기꺼운 마음으로 순종하신 본을 우리가 따른다면 기독교인이 행하는 연보도 이 자발적 순종이어야 한다. 그리스도의 마음을 품으면 자원하는 마음으로 연보에 참여하는 것이 자연스럽고 당연하다. 그를 본받는 것이기에 그렇다.

연보한 그들의 마음을 서술한 단어가 하나 더 있다. '그것을 간절히 구했다'고 한다. 연보는 중독성이 강하다. 일반적으로 보면 기부는 하는 사람이 여러 곳에 반복해서 기부를 한다. 한 곳에 기부하여 만족하고 즐거우면 다른 기부처나 대상자를 찾고 점차적으로 기부를 늘려 간다.

마음을 담아 자원하는 연보는 점점 더 그 간절함이 더해 간다. 그러므로 모금가는 이 간절함을 거부하면 안 되고, 잘 조절해 가도록 도와야 한다. 너무 많은 기부로 기부자가 곤고에 처하지 않도록 하고, 적절한 시기에 적절한 금액을 잘 준비하여 연보하도록 도와야 하는 것이다.

> 이제는 하던 일을 성취할지니 마음에 원하던 것과 같이 완성하되 있는 대로 하라. 할 마음만 있으면 있는 대로 받으실 터이요 없는 것은 받지 아니하시리라.
>
> **(고린도후서 8: 11, 12)**

하나님께서는 마음이 있는 연보를 받으시고 마음이 없는 연보는 받지 않으신다고 한다. 우리를 고민에 빠뜨리는 말씀이 아닐 수 없다. 연보를 행하기 전에 '마음'이 있어야 한다는 것이다. 마음이 없는 연보를 받지 않으신다고 한다. 우리 마음을 훤하게 알고 계시는 분이니 우리는 마음을 속이며 하나님 앞에 나갈 수는 없다.

그렇기에 마음에 없는 연보도 바로 하나님께 탄로가 날 것이다.

그렇다면 100% 연보할 마음이 생길 때까지 기다려야 하는가? 이 말씀을 오용하여 적게 하거나 연보를 피하는 걸 미덕으로 여기는 것은 바람직하지 않다. '마음이 없으니 차라리 하지 않는 것이 낫고 올바른 선택이다!' 이런 생각을 가지라고 이 말씀을 기록한 것은 아니다. 지금 준비하여 할 수 있는 최선의 결정을 하고 '더 할' 마음을 가지라는 것이다. 마음이 풍성하기를 권면하는 것이다.

일상의 삶으로써, 바울이 말하는 바와 같이 계획을 세워 매일같이 우리 사랑의 진실함으로 증명하는 은혜가 연보이다. 바울은 이 연보를 미리미리 준비하라고 권면한다. 이는 한 번에 연보를 만들어내기 어려울 수도 있는 삶의 여건을 고려한 권면이고 한 번에 큰 연보를 함이 마음에 부담으로 작용할 수도 있음을 감안하여 일상에서 그 마음을 지켜가고 실질적인 대비를 하라는 것으로 봐야 한다.

연보에서 마음을 강조함은 액수나 규모가 중요하

지 않다는 것을 의미하기도 한다. 바울은 마음에서 우러나는 연보를 고린도 교인들에게 강력하게 권하고 있다. 결국은 마음을 열어라, 연보를 아까워하지 말고, 마지못해 하지도 말고, 기꺼운 마음으로 연보를 준비하여 나누라고 한다.

이 대목에서 또 생각나는 부부가 있다. 아나니아와 삽비라! 마음이 없이 연보를 낸다면 아나니아와 삽비라 같은 일이 벌어질 수도 있지 않을까? 마음에도 없이 무리한 기부를 하거나, 사람들에게 잘 보이려 하거나, 마음을 속이거나 하려다가 죽음에 이르는. 물론 사람의 눈으로는 사람의 속마음을 제대로 알 수 없으니 속이는 여부는 알 수 없다. 그러나 사람들에게 잘 보이려고 하는 기부나, 마음이 없이 억지로 하는 기부나 연보는 그 속마음이 드러날 수도 있다(기도나 금식이 그렇듯이). 그렇기에 기부나 연보를 할 때에는 누군가와 미리 잘 상의하고 의견을 구하는 것이 필요하다. 이런 상담이나 도움을 베푸는 것이 모금가의 역할이며, 연보 관련 의사결정을 도와주는 목회자나 장로의 역할일 수 있다.

그리고 기부할 마음이 없으면 그렇다고 솔직히 말하는 것이 필요하다. 연보를 하기는 하지만 그렇게 썩 마음에 내키지 않는다고 말해도 된다. 그렇다고 해서 그것을 문제 삼는 것도 바람직하지 않다. 베드로가 아나니아에게 말한 것처럼 재물을 공유하는 것은 '네 마음대로 하는' 것이기 때문이다. 그렇기 때문에 바울은 마음을 제대로 정하고 연보하라고 강권하고 있는지도 모른다. 그리고 연보의 가치와 근원을 잘 상고해 본다면 자기의 마음을 따라 적정한 수준을 정할 수 있다.

그래도 역설은 있다. 마음이 없는 연보도 그것대로 균등되게 하는 데 잘 사용될 수 있다. 그리고 그것을 받은 이들은 그 연보가 하나님의 은혜라 여길 수 있다. 뭔가 대단히 잘못된 것이 있지 않고는 수혜자는 연보를 원망하는 마음으로 받지는 않는다. 감사하는 것이 통상적인 반응이다. 그리고 역설적으로 연보자의 마음은 바뀌기도 한다. 처음에는 억지로 하다가도 점점 연보의 가치와 즐거움, 그 중요함을 알게 되면서 진정한 마음으로 바뀔 수도 있다. 사람은 그리스도 안에서 성장하고 성숙하기 때문이다.

그리고 연보를 함에 있어서는 말만 하고(약정만 하고) 실제로는 제대로 하지 않는 경우나, 마음을 바꾸는 경우도 있고, 연보를 내고 아까워 하는 경우도 있을 수 있다. 이런 사람들과 이런 행동에 대해 어떻게 해야 할지가 실질적인 고민거리이다.

은퇴 장로님이 사는 삶

80대 중반으로 기업을 운영하다 은퇴한 장로 한 분은 자신의 재산 중 일부는 자식에게 상속하고 그 외의 재산으로는 자선재단을 만들고 싶어 한다. 이 분은 이미 30년 전부터 언론사에서 운영하는 장학재단에 매년 꾸준히 기부하여 그 액수가 1억 원에 이르고 있다. 이 분이 이렇게 기부를 결심하고 실행하게 된 계기는 30년 전 어렵고 힘들던 시절 어느 독지가가 자신의 재산 100만원을 언론사에 기부했다는 뉴스를 접하고는 '멋지게 사시는 분이네, 나도 좀 이렇게 해야겠다.'라는 마음에서이다.

장로님이 이렇게 자선적인 삶을 실천한다고 해서 이른바 자린고비처럼 아끼고 아껴서 기부만 하시는 것은 아니다. 이미 재산을 자식들에게 상당 부분 상속하기로 하셨고 앞으로의 여생에 경제적 어려움이 없도록 조치도 해 놓으셨다. 취미생활도 즐기고 친구들과 어울려 맛집을 즐기기도 하신다. 이렇게 삶을 누리며 기부하는 것이 제대로 재물을 사용하는 것이라 믿고 실천하고 있다.

그래서 모금가는 우선 기부하는 분들의 마음과 상황을 잘 살펴야 한다. 그리고 그 상황과 마음을 우선 인정하고 가능하다면 약속을 실천할 수 있는 선한 방법을 같이 강구하는 것이 바람직하다. 약속을 했으니 무조건 지불하라는 고압적인 자세도 바람직하지 않고, 아무런 조치를 취하지 않고 방치하는 것도 바람직하지 않다.

실제로 사람들이 기부하는 동기와 마음은 다양하다. 정의로운 이타심이나, 앞서 살펴본 독실한 신자도 있지만, 세금에서의 유익을 구하는 실제적인 마음도 있고, 예전에 받은 도움을 돌려주고 싶은 보은의 심리도 있다. 중요한 것은 기부자의 마음이기도 하지만 이들을 대하는 모금가의 마음이다. 만약에 모금가가 기부자를 수혜자를 위해 돈을 대주는 이로만 마음에 담고 있다면 기부자가 모금가의 이런 마음을 알아챈다는 것이다. 진정 기부자가 하나님과 화평하고 형제를 위한 사랑의 진실함을 보이는 천국 백성으로의 아름다운 삶을 유지하기 바라는 마음이 있는가가 그래서 중요하다.

넘치도록

성경의 가르침에 따르면 연보는 '넘치도록 풍성하게' 하는 것이다. 어쩌면 매우 부담스러운 권고이다. 특히 교인들의 연보를 권면해야 하는 모금가 입장에서는 넘치도록 풍성하게 기부하라고 권하는 것에 부담을 가지지 않을 수 없다.

> 환난의 많은 시련 가운데서 그들의 넘치는 기쁨과 극심한 가난이 그들의 풍성한 연보를 넘치도록 하게 하였느니라. 내가 증언하노니 그들이 힘대로 할 뿐 아니라 힘에 지나도록 자원하여 이 은혜와 성도 섬기는 일에 참여함에 대하여 우리에게 간절히 구하니 우리가 바라던 것뿐 아니라 그들이 먼저 자신을 주께 드리고 또 하나님의 뜻을 따라 우리에게 주었도다.
>
> **(고린도후서 8:2-5)**

'넘치도록'의 의미는 두 가지로 해석과 적용이 가능

하다. 우선 성경의 문맥을 보자면 연보하는 마케도니아 교회와 교인의 경제적 여건에 비해 많은 액수를 연보했다 할 수 있다. 자신들의 시련과 극심한 가난에도 불구하고 자신들의 힘에 지나도록 많은 연보를 한 것이다. 오히려 연보하는 이의 가난이 그 연보를 더 풍성해 보이도록 했다.

그러므로 연보하는 자는 바울이 칭찬한 마케도니아 교회의 선례를 따라 자신의 재력과 소득에서 넘치도록 풍부하게 연보하는 것이 초대교회의 아름다운 덕을 따르는 것이며, 성경에서 칭찬한 행위를 따르는 것이라고 할 수 있다.

두 번째는 앞의 해석과는 거리가 좀 있을 수 있으나, 연보를 받는 예루살렘교회의 필요에 대비해서 넘치도록 연보를 했다고도 해석할 수 있다. 바울이 본문을 통해 의도한 것은 아닐지라도, 수혜자에게 충분하고도 넘치도록 연보가 전달될 수 있어야 한다. 자신이 충분히 누리고 난 나머지를 기부하면서 수혜자는 겨우 최악의 상황을 면하게 하는 정도를 목표로 하는 것은 진정한 성경적 나눔에는 이르지 못하는 것이다.

중요한 것은 연보하는 마케도니아 교회와 교인들의

'간절함'이다. 그들은 간절한 마음으로 자원하는 마음으로 힘에 지나도록 연보를 했다고 한다. 그러기에 연보를 모으는 모금가는 기부자의 자원하는 간절함을 우선 존중해야 한다. 연보의 액수보다 자세와 마음, 태도를 더 존중하는 것이다.

각각의 삶을 살펴본다면 마케도니아 교인과 그 가정 간에도 빈부의 격차는 분명 존재했을 것이고, 그 차이에 따라 연보의 재정적 역량에도 차이가 있었을 것이다. 그렇기에 누구는 많이 또 누구는 적게 기부했을 것이나, 전반적으로 자신의 여건과 상황에 비해 힘에 넘치도록 연보했던 것으로 보인다.

분명하고도 놀라운 것은 마케도니아 교인들이 돈이 풍성하여 풍성한 연보를 한 것은 아니라는 점이다. 그들도 '극심한 가난'에 처해 있었고, 그 가난으로 인해 그들이 내놓은 연보가 더 풍성했다고 한다.

피폐한 로마 식민지에서의 삶이 그리 넉넉하지 않았던 것은 분명하다. 이래저래 수탈당하는 것도 많았던 시절이고, 농업생산성이 높았다거나 교역으로 인한 수익을 공평하게 배분했을 것이라 추정하기도 어려웠던 시대이고 지역이었다. 더구나 초대교회에는 부자나 고관대작도 일부 있었지만 이런 류의 사람들보다는 오히려 도움이 필요한 사람들이 더 몰려들었을 가능성이 높았으니(행 6:1) 기부나 연보의 여력이 충분하지는 않았을 것이다. 그렇기에 평소에 조금씩 따로 준비하지 않으면 연보를 하기에도 어려웠을 것이다. 그렇기에 연보 자체가 '힘에 지나는' 일이었을 것이다.

부자나 재정적 여유가 있는 사람만 연보를 하는 것은 아니다. 연보가 연보하는 자의 은혜인 것은 분명하나 나(기부자)의 경제적 입장에서 하는 것이 아니라 받는 자(수혜자)의 상황을 먼저 고려하는 것이다. 그래서인지 마케도니아 교인이 '힘에 지나도록' 그것도 '자원하여' 참여하였고 '그것을 간절히 구했다'고 한다.

따라서 모든 연보는 그 액수에 상관없이 존중되어야 한다. 그것이 연보자의 진실되고 신실한 마음을 반영한 것이라는 신뢰를 토대로 말이다. 하지만 각 개인과 가정, 기업의 경제적 상황이 어떠한 지 정확하게 알기는 어려우며, 더 나가 연보자의 마음을 알기는 더 어렵다.

반면 '네게 있는 것을 다 팔아 가난한 자들에게 나눠

주라'는 예수님의 권고를 들었던 부자 관원은 근심하며 집으로 돌아갔다고 한다. 그는 율법의 모든 것을 지켜왔다고 자부한 유대 종교인이었고, 재물까지 겸비한 유력자였다. 그러나 그는 그의 재물을 가난한 자에게 나눠주고 하늘나라의 보화를 취할 마음이 없었다. 부자라고 해서 종교적 열심히 있다고 해서 연보를 잘 하는 것은 아니다. 결국 마음의 문제일 것이며, 간절한 마음으로 자원해야 힘에 지나지 않는다 하더라도 다만 얼마라도 연보를 할 것이다.

> 예수께서 이 말을 들으시고 이르시되 네게 아직도 한 가지 부족한 것이 있으니 네게 있는 것을 다 팔아 가난한 자들에게 나눠 주라 그리하면 하늘에서 네게 보화가 있으리라 그리고 와서 나를 따르라 하시니 그 사람이 큰 부자이므로 이 말씀을 듣고 심히 근심하더라. 예수께서 그를 보시고 이르시되 재물이 있는 자는 하나님의 나라에 들어가기가 얼마나 어려운지 낙타가 바늘귀로 들어가는 것이 부자가 하나님의 나라에 들어가는 것보다 쉬우니라 하시니
>
> **(누가복음 18:22-25)**

실제로 성경의 기록을 살펴보면 자신의 상황에 비

해 넘치도록 과하게 재물을 내어 놓은 이들을 볼 수 있다. 예수님께서 인정하신 과부의 두 렙돈 헌금(눅 21:2-4)이나 엘리야와 가정을 살린 사르밧 과부의 항아리와 빵(왕상 17:9-16) 등이 그것이다. 기록을 볼 때 그들이 내어 놓은 것들은 모두에게 귀감도 되고 부담도 가지게 하는 '넘침'이다.

이들이 어떤 마음과 믿음으로 그 가진 것들을 다 헌금하고 손님을 대접했는지는 기록되어 있지 않다. 사르밧 과부의 경우를 보면 그 후에 삶이 좀 나아지고 죽은 아들이 살아나는 경험을 하지만, 넘치도록 연보하고 대접하는 것이 향후의 풍성한 삶으로 반드시 연관되는 것은 아닐 수도 있다 할 것이다. 다만, 바울이 언급하고 예수님께서 인정하시듯이 다른 입장에서 판단해 보건대 그 연보와 나눔이 넘치도록 풍성하다 할 만한 것임은 분명하다.

너희의 사랑의 진실함을 증명하고자 함이라
고린도후서 8장 8절

4장
모금가 바울을 따르는 실전 모금

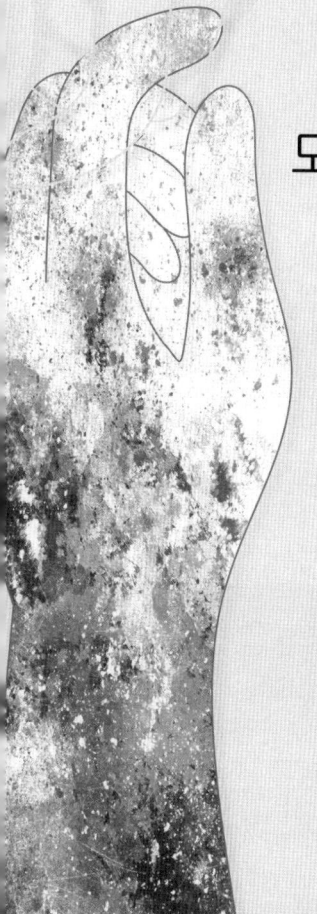

4장
모금가 바울을 따르는 실전 모금

연보가 신앙의 본질에 맞닿아 있는 것이라면 굳이
연보하라고 권면할 필요가 있는가? 믿음의 분량대로
알아서 내야지…
연보와 모금이 신앙생활에서 중요하다면 모금은 무엇을
어떻게 하는 게 성경적인 거지?

4장에서는 바울이 연보를 모으기 위해 강조하고 힘썼던 사항에 대해서 알아본다. 조용히 누군가 가져다주기만 기다리거나 필요할 때 급하게 요청하는 것이 성경적인 모금 활동이 아니며, 받은 기부금이라고 맘대로 지출할 수 있는 것도 아니다. 실전에 임하는 기독교 모금가로서 마음에 새기고 행해야 할 바를 바울의 권면과 행함에서 구체적으로 살펴볼 수 있다.

연보 권하기

바울은 고린도교회에게 연보를 준비하라 하지만, 이것이 명령은 아니며 권면이라 말한다.(고후 9:5) 이는 바울은 여러 가지로 그리스도의 온유와 관용으로 교인들을 친히 권면하는 것과 맥을 같이한다.(고후 10:1) 바울의 모금 실전은 바로 이 '연보 권하기'에서 시작한다.

> 내가 명령으로 하는 말이 아니요 오직 다른 이들의 간절함을 가지고 너희의 사랑의 진실함을 증명하고자 함이로라.
>
> **(고린도후서 8:8)**

하지만 그 권면의 무게감은 명령에 못지않으며(이미 고린도전서에서 연보를 명하고 있으므로-고전 16:1), 자신이 왜 그렇게 연보를 권면하는지 많은 지면을 할애해 이야기하고 있다. 다른 여러 편지에서도 연보를 권하는 문구들이 많이 드러나고 있지만 특히 고린도교회에게는 그 두 번째 편지에서 2개의 장을 할애하여 연보를 권면하고 있다. 그만큼 '간절함'이 바울에게 가득했다는 것이다.

바울이 권하는 내용은 단순히 '기부 좀 하시지요' 정도가 아니다. 앞에서도 살펴본 것처럼, 연보가 교회 공동체와 교인에게 어떤 신앙적 의미가 있는지를 설명하는 것은 물론이요, 어디에 사용할 것인지도 알리고, 모금활동에서 자기가 얼마나 조심하고 있는지, 누구와 함께 이 일을 감당하고 있는지, 그리고 연보하는 성도들을 얼마나 자랑스러워 하는지도 설명한다.

그러나 무엇보다도 바울은 연보에 대해 어떤 마음과 태도를 가져야 하는지, 얼마를 연보하는 게 바람직한지를 알려 주고 미리미리 준비하라 권면한다. 바울은 고린도교회와 교인들에게 넘치도록 풍성하게 연보를 하되 삶이 어렵더라도 충분히 준비하여 부끄러움을 당하지 말라고 권면한다. 그리고 잘 살펴서 필요한 곳에 잘 전달할 테니 자신이나 함께하는 팀을 믿고 기부하라고 한다.

이와 같은 권면의 요체는 하나님과 말씀에 대한 전적 신뢰에 기반하고 있다. 바울이 인용한 시편의 말씀처럼, '그가 흩어 가난한 자들에게 주었으니 그의 의가 영원토록 있느니라'(시 112:9, 고후 9:9)라고 바울은 연보 권면의 근거를 말씀(이 시기는 신약성서가 기록되기 전이니 구약성서의 말씀은 신앙과 권위의 중심에 있었다고 할 수 있다.)에 두고 이를 권면의 핵심 메시지로 삼고 있다. 여호와를 경외하며 그의 계명을 즐거워하는 사람은 흩어 빈궁한 자에게 주는 의로운 자이고 이 의로움이 영원히 기억되는 복이 있으므로 너희도 그렇게 함이 마땅하다는 것이다.

그러므로 연보를 권하는 자는 앞서 이야기한 대로 미안해할 것이 아니다. 연보를 통해 그리스도를 믿는 믿음에 동참하고, 의롭고 복된 삶으로 들어오라는 정말 중요한 초대이므로 이와 같은 권면이 절대로 미안할 일은 아니다. 오히려 이 연보 권면은 하나님 나라와 그 백성으로의 초대이다. 스스로 낮추사 천지를 살피시고 가난한 자를 먼지 더미에서 일으키시며 궁핍한 자를 거름 더미에서 들어 세우시는(시 113:6-7) '하나님의 사역에 동참하도록 초대'하는 것이 연보를 권하는 모금이다.

사실 연보의 권면에서 직접적으로 요청하지 않는 것은 별 의미가 없다. 사람들에게 기부하지 않는 이유를 물어보면 대부분 경제적 여유가 없다고 답한다. 그러나 실제로 경제적 어려움을 겪는 일부를 제외하면, 대다수는 단순히 연보하기 싫어서 돈이 없다는 핑계를 대는 것으로 볼 수 있다.

경제적 여유가 없다는 이유 다음으로 주의 깊게 살펴봐야 할 이유가 하나 있는데, 바로 '나에게 기부를 요청하는 곳이 없었다!'이다. 이 반응이 사실일까? 아마 사실일 수도 있고 아닐 수도 있다. 중요한 것은 그렇게 인식하고 있다는 것이다.

비영리단체들과 모금팀이 여러 가지 행사와 강연, 설교, 책자와 편지 그리고 방송을 통해서도 기부 요청을 하고 있는데, '요청하지 않았다'라는 응답을 듣는 것은 억울할 소지가 있기는 하다. 그러나 중요한 것은 이런 통로를 통해 연보의 필요를 알리는 것이 잠재적인 기부자들에게 잘 전달되지 않고, 그들은 그 메시지가 자기에게 직접 요청한 것은 아니라는 인식을 갖는다는 것이다. 단체나 모금가가 여러 채널을 통해 연보의 필요성을 알리는 것이 홍보에는 의미가 있으나 기부 요청이 제대로 되려면 가능한 한 직접적인 만남이나 개별화된 채널(편지 중에도 사적으로 보내는 것으로)을 활용하여 메시지를 전달해야 한다.

굳이 기독교단체가 아니더라도 비영리단체의 모금 담당자에게 소식지나 홈페이지를 통한 후원 요청이 얼마나 효과가 있었는가를 물어보면 초창기에 몇 명의 기부자가 들어오고 그 후로는 효과가 없다고 한다. 그리고 소식지를 받아 본 사람들에게 그 안에 들어 있는 후원 안내 페이지가 본인에게 기부를 요청하는 것으로 인식되느냐는 질문에는 갸우뚱하면서 '(내가 아닌) 누군가 관대한 분이 하지 않겠어요!'라고 답을 하는 경우가 대부분이다.

역설적이게도 미국이나 우리나라의 기부금 중 약 1/3은 종교기관으로 들어간다. 이와 같은 종교기관 모금의 성공요인을 킴 클라인은 '기부를 요청하기 때문'이라고 이야기하고 있다.[1] 연보 요청의 중요성과 가치를 인정하는 것이다.

바울과 그 팀은 편지를 받는 교회들에게 소극적인 자세로 연보 권면을 하지 않는다. 간절하며 강력하게, 겸손하고 진실되게, 본질적이면서도 실질적으로, 적극

---

1) 킴 클라인, 모금이 세상을 바꾼다, 이형진 역, 2017, 아르케

적으로 연보를 권면한다. 대충 연보를 좀 해보는 게 어떠냐 정도로, 해도 좋고 안 해도 무방하고 정도로 이야기하는 것도 아니고, 사도로서 권위나 체면이 상할까 염려하는 것 없이 당당하게 권면하고 있다.

그러므로 모금가 바울의 본을 따라, 그리스도인 모금가는 그처럼 교회와 교인에게 연보를 권해야 한다. 홈페이지나 소식지에 연보의 필요와 현황을 알리고 요청하는 등의 최소한의 알림은 물론, 구체적으로 대상을 살펴서 가능한 한 연보의 신앙적 위상과 가치를 설명하고, 마음과 재정 여건에 충분히 합당하도록 기부를 준비하도록 기회를 마련하고, 정중하고 진실되게 사랑하는 마음과 태도로 기부 요청을 해야 한다.

연보를 권하는 것은 물론이고, 행사에의 초대이든 자원봉사 요청이든 무언인가를 다른 사람에게 권면하고 요청하기 위해서는 시간과 노력을 들여야 한다. 사실 기독교단체를 포함한 비영리단체는 가진 자원이 부족하여 아주 바쁘고 힘들게 업무를 수행한다. 사업을 기획하여 홍보하고 실행하고, 수혜자를 찾아 상담하고, 이런 저런 행정처리와 관리 등에 시간과 노력을 들이기에도 한참 부족해 보인다. 그래서인지 모금활동이 활성화되지 않은 단체에서는 모금에 생각은 있으나 여기에 직원이나 시간을 투입할 여건이 되지 않는다고 어려움을 호소하곤 한다.

그러나 바울이라고 해서 시간이 남아서 연보 권면이나 모금에 열심을 냈던 것은 아니다. 바울도 각지를 돌아다니며 교회를 세우고 가르쳤고, 자신을 위해 텐트를 짓는 경제적 활동을 수행하기도 해야 했다. 감옥에 갇히거나 고난을 받은 시간도 있었고, 자신을 대적하는 자들과 맞서기도 해야 했다.

> 다만 우리에게 가난한 자들을 기억도록 부탁하였으니
> 이것은 나도 본래부터 힘써 행하여 왔노라.
> **(갈라디아서 2:10)**

그럼에도 바울은 스스로 말한 바와 같이 평소에 가난한 자를 위해 연보를 모으는 일에 힘써 왔다고 한다. 연보하라고 권면하는 데 시간을 쓰고, 연보를 모아 전달하고, 이 일과 관련하여 동역자들과 협의하는 시간도 있었다. 물론 편지도 쓰고, 연보한 자들을 기억하고 감사하는 데에도 시간을 들였다. 평소에 그렇게 시간과 노력을 들여 연보를 챙겼다는 것이다. 그렇기에 바빠서 모금을 하기 어렵다는 것은 바울의 가르침을 지키지 못하는 것일뿐더러, 바울의 행함과 비교해 보아도 그저 핑계일 가능성이 높다고 하겠다.

일상에서 연보를 준비시키기

바울은 연보에 대한 고린도교회의 열심이 다른 교회들을 분발하게 했다고 적고 있다. 바울의 역할은 여러 교회에서 연보에 분발하도록 격려하고 권면하는 것이었다. 그리고 그 역할을 어느 특정한 때에만 수행한 것이 아니라 평소에도 일상적으로 힘써 행하던 것이었다. (갈 2:10)

> 이는 내가 너희의 원함을 앎이라 내가 너희를 위하여 마게도냐인들에게 아가야에서는 일 년 전부터 준비하였다는 것을 자랑하였는데 과연 너희의 열심이 퍽 많은 사람들을 분발하게 하였느니라. 그런데 이 형제들을 보낸 것은 이 일에 너희를 위한 우리의 자랑이 헛되지 않고 내가 말한 것 같이 준비하게 하려 함이라. **(고린도후서 9:2, 3)**

갈라디아서의 기록을 본다면 바울은 평소에도 가난한 이들을 위한 모금에 열심이 있었다. 다시 말해 연보에 분발하도록 평소에도 힘을 쓰고 있었다는 것이다. 모금은 어느 곳인가 누구를 위해 사용할 수 있는 돈을 모집하는 것이나, 필요할 때만 요청하는 것이 아니라 평소의 삶에서 분발하도록 권면하는 것이다.

그렇다면 기부자로 하여금 연보를 기억하여 실행하도록 결정적 역할을 하는 이는 모금가이다. 바울이 염려한 것처럼 연보를 약속하고 실천하지 않거나 아예 연보를 생각하지 않는 것이 보통의 교인들에게 일어날 수 있는 일이므로, 이를 기억하고 실행하도록 권면하는 것이 모금가의 역할이라는 것이다.

분발한다고 해서 거창한 구호를 만들어 외치고 대형의 행사를 여는 식의 호들갑을 떨며 드러나도록 준비하라는 것이 아니라 일상의 삶에서 자신의 힘에 지나도록 마음을 담아 조금씩 준비하고, 요청을 받을 때 적절히 연보를 하라는 것이다.

바울이 말하는 열심과 분발은 기부자들이 평소에 연보를 준비하는 것이다. 연보의 일상 생활화를 바울이 권면한다. 고린도교회에 먼저 보낸 편지에서 바울은 그들에게 7일 단위로 연보를 준비하라고 명령한다. 그리고 이것은 고린도교회에만 해당하는 것이 아니라 갈라디아교회에도 같은 말을 했다고 한다. 그러므로 바울이 여러 교회에 주 단위로 연보를 준비토록 한 행동을 따른다면 모금가는 잠재기부자들로 하여금 자신의 경제적 여건이나 수입에 적합한 방법을 택하고 수입의 주기와 규모를 따라 연보를 준비하도록 권면하는 것이 바람직하다.

바울의 가르침에 따르면 특별한 이유가 없는 한 모금가는 교회나 교인들에게 갑자기 연보를 요청하거나, 아무런 준비 없이 연보를 해야 하는 상황을 피하는 것이 바람직하다.

> 성도를 위하는 연보에 관하여는 내가 갈라디아 교회들에게 명한 것 같이 너희도 그렇게 하라. 매주 첫날에 너희 각 사람이 수입에 따라 모아 두어서 내가 갈 때에 연보를 하지 않게 하라.
>
> **(고린도전서 16:1, 2)**

이런 개념이 유대인들에게 그리 낯선 것은 아니었을

것으로 보인다. 유대의 전통에 의하면 쩨데카(Tzedakah)[2]는 어느 특정의 시점에 특별한 각성으로 행하는 것이 아니라 일상의 삶속에서 실현하는 것이었기 때문이다. 공의를 실현하는 쩨데카(일종의 구제를 위한 저금통)의 일상화가 바로 연보 준비의 일상화로 자연스럽게 재해석되어 실현되는 것이다.

이렇게 미리 준비하여 연보를 해야 하는 이유는 첫째, 거창하게 약속하고 실현하지 못하는 우를 범하지 않도록, 그래서 남의 조롱거리가 되지 않도록 하기 위함이다(고후 9:4). 물론 연보를 일종의 서원으로 여겨 이를 실행하지 않으면 험한 벌을 받을 수 있다는 두려움을 조성할 필요는 없지만, 허세만 있고 약속을 실천하지 않는 신뢰할 수 없는 사람이 되지 않기 위해 평소의 차근한 준비가 필수적이다.

다음으로는 감당 가능한 정도의 규모로 연보를 하더라도 억지로 하는 연보가 생기지 않도록 위함이다. 물

---

[2] 쩨데카의 본뜻은 '의로움, 공의'에 해당하므로 원래 '구제(연보)'의 의미와는 다르다. 그럼에도 불구하고 '공의'에 해당하는 쩨다카라는 말을 유대인들이 구제라는 용어로 사용한 이유는, 구제를 공의의 차원에서 다루어져야 할 의무라고 믿었기 때문이다. 가난한 자를 돕고 필요한 이들을 돕는 것이 곧 하나님이 원하는 공의라는 것이다.

론 마케도니아 교인들은 힘에 지나도록 연보를 했지만 자신의 재산과 수입, 지출 등을 충분히 감안하고 감당 가능한 수준에서의 기부가 가능하도록 하기 위해 미리 계산하여 준비하는 것이다. 연보는 감정이 치밀어서 분위기 따라 하는 것이 아니고, 평소 일상의 삶 속에서 일련의 계획과 치밀한 집행의 과정을 거치는 것이다. 그래서인지 모금 현장에서는 기부를 '감성적 사안에 대한 이성적 대응'이라고 말하기도 한다.

이런 준비는 기부자만 하는 것은 아니다. 모금가나 기관이 분발하여 준비하지 않으면서 기부자의 분발과 준비를 기대하는 것은 아무런 노력도 기울이지 않고 열매를 바라는 것이다. 앞에서 바울이 연보를 권면하고 실천하기 위해 어떻게 시간과 노력을 들였는지 잠깐 살펴봤다. 기부자가 준비하는 것처럼 모금가나 단체도 연보를 받을 준비를 해야 한다. 그런데 시간과 노력을 들이지 않고 제대로 준비할 수는 없다. 대충 다른 일을 다 처리하고 맨 뒤에 마음을 기울이지 않는다거나, 돈이 급할 때만 다급하게 요청하거나, 인격적인 정감을 담지 않은 채 차갑고 일방적인 전달 시스템을 통해 공중에 외치는 것은 그 이면에 충분하고 진실한 준비가 부족함을 반증하는 것이라 할 것이다.

다른 한편으로 바울이 고린도교회에 준비를 이렇게 역설하는 것은 약속한 연보가 채워지지 않거나 그로 인해 부끄러움을 당할까 두려워했기 때문이다. 그렇다면 모금은 예나 지금이나 목표를 달성하지 못하거나 아예 실패할 가능성이 있는 건 유사하다 할 수 있다.

> 혹 마게도냐인들이 나와 함께 가서 너희가 준비하지 아니한 것을 보면 너희는 고사하고 우리가 이 믿던 것에 부끄러움을 당할까 두려워하노라. 그러므로 내가 이 형제들로 먼저 너희에게 가서 너희가 전에 약속한 연보를 미리 준비하게 하도록 권면하는 것이 필요한 줄 생각하였노니 이렇게 준비하여야 참 연보답고 억지가 아니니라.
>
> (고린도후서 9:4, 5)

실제로 전화나 편지를 활용해서 기부를 요청했을 때 기부로 연결되는 확률은 한 자릿수를 넘지 못한다. 거절이 다반사인 것이 모금이다. 마치 거리에서 전도를 했을 때 그 사람이 신실한 성도로 거듭나는 확률과 비교할 수 있을 것이다. 그렇기에 모금은 늘 충분히 채워지지 않을 확률이 높고 필요한 만큼 모아지지 않을 가능성이 크다. 그러기에 모금 업계에서는 이 확률을 높이고 실패하지 않으려고 정말 많은 방법을 강구해서 적용한다.

바울도 이렇게 연보가 충분히 채워지지 않고 이로 인해 부끄러움을 당할 것에 대해 두려워했기에 연보를 매일의 삶에서 준비하라고 가르친다. 그러나 이 부끄러움은 단순히 액수가 채워지지 않음의 문제가 아니다. 반복해서 이야기하지만 바울은 연보를 '사랑의 진실함을 보이는 것'이라 한다. 그렇기에 약속한 연보를 채우지 못하는 것은 사랑을 입의 소리로만 얘기하고 실제 사랑의 진실함을 행동으로 보이지 못하는 것이라 여긴 것으로 봐야 한다. 그렇기에 연보의 액수를 채우지 못한 것이 부끄러운 것이 아니라 사랑의 진실함을 보이지 못한 것이 부끄럽고 두려운 일이다.

연보는 얼마가 모였나 하는 결과도 중요하지만 이를 모으는 과정도 중요하다. 그렇기에 연보의 결과로 큰 돈(고후 8:20)을 모아서 사용될 곳에 전달하는 목적을 달성하는 것도 중요하고, 연보를 할 만한 사람들의 마음을 모아 내는, 일상에서 실천에 옮기는 과정도 중요하다. 연보는 일상에서 재물에 대한 관점을 늘 각성하게 하는 것이며, 사랑과 정의의 하나님이 교인의 마음과 행함으로 실제적으로 실현되는 과정이다. 그러므로 연보를 단순히 돈을 내거나 모으는 활동으로 보는 것이 아니라, 하나님의 사랑과 정의를 실천하는 신앙의 본질적 활동으로 봐야 한다.

모금가는 바울이 한 바와 같이 기부자(교인)들에게 연보와 기부를 충분히 준비할 시간과 기회를 제공하고, 이를 독려함으로써 기부자가 스스로 하나님을 인식하고 그 뜻에 따르는 삶을 살도록 인도하는 사람이다.

연보의 은혜 알리기

바울은 고린도 교인과 이 편지를 읽게 될 후대에게 마케도니아 교회에게 주신 은혜를 알린다고 한다. 그 은혜는 다름이 아닌 마케도니아교회와 교인들이 예루살렘교회를 위해 진행한 풍성한 연보이다.

> 형제들아 하나님께서 마게도냐 교회들에게 주신 은혜

를 우리가 너희에게 알리노니

(고린도후서 8:1)

그렇다면 바울은 굳이 왜 마케도니아교회의 연보를 여러 곳에 알려야만 했을까? 고린도교회뿐만 아니라 바울은 여러 서신에서 연보가 있었음을 기록하고 있다. 앞에서 살펴본 것처럼 '구제를 할 때에는 오른손이 한 일을 왼손이 모르게 하라'고 하셨는데 말이다. 하지만 이 가르침의 진정한 의미는 앞 장에서 이미 살펴보았기에 이미 오해는 해소되었으리라 본다.

연보 행위와 연보하는 교인은 자랑스러운 것이었으며, 교회공동체를 세워가는 데 있어 형제애를 가시적으로 확인하는 구체적인 방법의 하나였기에, 바울은 연보를 다른 사람이나 교회가 모르도록 숨기는 것이 아니라 이를 적극적으로 여러 교회에 알렸다. 그러므로 연보를 모아 전달하는 모금가나 비영리단체의 입장에서는 아름답고 은혜로운 연보를 지혜롭게 교회와 세상에 알리는 것이 자연스럽고 중요한 일이 된다.

바울은 연보를 해야 하는 이유에 대해서 설명하고(9절 이하) 왜 알리는지에 대해서도 몇 가지 이유를 이야기를 한다. 이런 바울의 기록과 행동은 기부자 예우와 감사에 대한 성경적인 원리의 기반이 된다.

바울이 연보와 관련하여 알리는 것들이 몇 가지 있다. 8장 2절에서 우선 연보 자체 그 자체가 있었음을 알린다. 연보함을 오른손이 했다 하여 왼손에 알리지 않는 것이 아니라, 있는 그대로 알리고 있다. 그리고 이어 3절과 4절을 보면 기부하는 자의 태도와 마음이 어떠한지를 알린다. 그리고 그 결과가 어떠한 것인지(서로를 균등되게 함)을 13절과 14절에서 알리고 있다.

다른 한편으로는 누가 구체적으로 어떻게 수혜를 받는다는 사실을 정확하게 알려야 한다. 성경에는 바울이 예루살렘교회의 어려움을 얼마나 자세하게 구체적으로 다른 지역 교회에 알렸는지 나와 있지 않다. 구체적으로 누가 어떻게 어렵다는 얘기를 전하지 않고 있기 때문이다. 그렇다고 해서 이를 '개인 상황을 알리지 않는 것이 성경적이다'라고 바로 적용하는 것은 곤란하다.

바울은 연보의 이유와 결과를 알리는 데에서 그치지 않고 이를 자랑하고 치하하기도 한다. 고린도후서 9장 2절에 의하면 바울은 마케도니아 교인에게 아가야 교인들의 연보 준비를 자랑했다고 한다. 단순히 알리는 정도를 넘어 자랑까지 했다는 것이다. 연보를 풍성히 하는 것도 자랑스럽지만 미리 분발하여 준비하는 것까지도 자랑했다는 것이다.

기부자는 비영리단체와 모금가의 자랑거리가 된다. 단체는 이런 기부자의 열심을 알리고 자랑할 수 있어야 한다. 따라서 기부자와 모금가에게 중요한 업무 중 하나는 연보의 결과(연보의 액수)보다는 연보를 준비하고 이를 실천하는 기부자의 일상성에 대한 인정과 감사이다. 그 인정을 통해 기부자의 마음을 기쁘게 하는 것은 물론이고 다른 잠재기부자에게 귀감이 되고 도전이 된다는 점도 마음에 새겨야 한다.

바울은 사람과 교회들에게 연보하는 고린도교인을 자랑했다. 유력하고 관대한 기부자가 주변에 있음을 단순하게 알리는 정도를 넘어 자랑으로 삼은 것이다. 자랑거리를 삼으려면 그 자랑의 이유를 밝히고 여러 가지 방법과 채널을 통해 자랑스러움을 나타내야 한다.

> 그러므로 너희는 여러 교회 앞에서 너희의 사랑과 너희에 대한 우리 자랑의 증거를 그들에게 보이라
>
> **(고린도후서 8:24)**

> 그런데 이 형제들을 보낸 것은 이 일에 너희를 위한 우리의 자랑이 헛되지 않고 내가 말한 것 같이 준비하게 하려 함이라
>
> **(고린도후서 9:3)**

바울에 의하면 성도의 은혜로운 연보를 다른 성도에게 알리는 것이 바람직하다. 그러면서 8장 7절과 8절에서는 고린도교회에게 너희도 마케도니아교회처럼 행하라고 강력하게 진실된 마음으로 권고하고 있다. 그리고 그 수준과 방법에 있어서는 차이가 있을 수 있으나 기부자들에게도 감사의 마음을 충분히 전달해야 한다.

바울은 기부자들에게 말하기를 '당신들은 믿는 이들에게 모범이 되고', 모금가들에게 '위로를 주는 사람'이라고 직접 언급했다.

> 그러므로 너희가 마게도냐와 아가야에 있는 모든 믿는 자의 본이 되었느니라
> **(데살로니가전서 1:7)**
> 이러므로 형제들아 우리가 모든 궁핍과 환난 가운데서 너희 믿음으로 말미암아 너희에게 위로를 받았노라
> **(데살로니가전서 3:7)**

빌립보교회에 보낸 편지에서 바울은 자기를 위해 연보한 교인들에게 감사와 칭찬, 축복을 아끼지 않는다. (빌 4:10~18) 기부자에 대한 감사는 마음만으로 충분하지 않다. 물론 기부자 중에는 자신의 기부를 알리지 말라 하는 이들이 많다. 그렇다 하더라도 이를 감사의 표현까지도 거절하겠다는 의미로 보지 않아야 한다. 바울이 보인 바와 같이 잘 받았음을, 그리고 연보함이 하나님의 은혜임을, 기부자를 하나님께서 살피고 채우시기를 적절하게 전달해야 한다.

바울은 빌립보교회와 데살로니가교회가 본을 보이고, 마케도니아와 아가야에서 이를 따라하고, 이 본을 고린도교회에 전하여 연보를 준비토록 한다. 어느 특정의 교회에만 연보를 권하거나 하지는 않았다. 이 정도의 언급이라면, 바울은 자신이 개척하고 거쳐 간 모든 이방의 교회들과 자신이 속한 안디옥교회에 연보를 강조했고, 교회들은 이를 따랐다고 봐야 한다. 이에 관해 바울은 갈라디아 교회에게 평소에도 자신이 가난한 이들을 위해 힘을 써 왔다고 말하고 있다.

이처럼 자랑스러운 연보가 이루어지기 위해서는 평소에 서로간의 관계와 열심의 마음을 전제로 한다. 바울은 마케도니아 교인에 대한 신뢰가 남달랐다. 선교여행을 하는 중 어려움에 처한 바울을 그들이 어떻게 도왔는지를 적고 있다.(고후 7:5) 이를 통해 바울과 마케도니아 교인 간에는 상당한 믿음과 신뢰가 형성되었고, 그 후로도 마케도니아교회는 바울을 도왔다.

이 외에도 바울은 자신이 방문하여 세우고 가르친 교회들에게 연보를 권면한다. 그렇지 않은 교회들에게도 바울이 연보를 강력하게 권면했는지는 알 수 없으나, 최소한 바울은 자신과 오랜 기간에 걸쳐 신뢰의 관계를 형성한 곳에 연보를 권면하고 있음을 볼 수 있다. 바울의 본을 적용해 본다면 단체가 좋은 일을 하고 있고, 급한 필요가 있다 하더라도 처음 대하는 사람들에게 곧바로 연보를 요청하는 것은 잘 생각해 봐야 한다.

연보를 강력하게 권고한 고린도교회에 대해서 바울은 이들을 각별히 아끼고 사랑하고 있음을 여러 곳에서 드러내고 있다.(고후1:23, 2:4 등) 상대적으로 자신과의 관계가 느슨했던 것으로 알려진 로마교회에는 연보의 권면이 드러나지 않는다.(여러 교회의 연보를 가지고 예루살렘으로 갈 계획이며, 이들의 연보를 칭찬하나 로마교회에는 권면을 하지는 않는다. 롬 15:25~27)

> 형제들이 스데바나의 집은 곧 아가야의 첫 열매요 또 성도 섬기기로 작정한 줄을 너희가 아는지라 내가 너희를 권하노니 이같은 사람들과 함께 일하며 수고하는 모든 사람에게 순종하라. 내가 스데바나와 브드나도와 아가이고가 온 것을 기뻐하노니 그들이 너희의 부족한 것을 채웠음이라. 그들이 나와 너희의 마음을 시원하게 하였으니 그러므로 너희는 이런 사람을 알아 주라.
>
> (고린도전서 16:15-18)

비영리단체에게 기부자는 단순히 필요한 돈을 조달해 주는 관대한 사람이 아니다. 하나님께서 주신 재물을 좀 나눠주는 것인데 뭘 자랑스럽게 알릴 이유가 있겠냐고 반문할 수도 있겠다. 하지만 기부자를 자랑하고 이들이 본이 된다고 알리는 것은, 신앙의 다른 면에서 '성도 섬기기로 작정한 사람들'을 알리고 알아 달라고 하는 것과 동일한 가르침이고 권면이다.

비방하지 못하게 조심하기

모금가는 그 마음에 간절함이 있어야 한다. 기부자로 하여금 연보하는 하나님의 은혜에 참여하여 자랑과 본이 될 것에 대한 간절함이 있어야 하고, 온갖 필요가 있는 자들에게 연보를 전달하여 균등되게 함에 간절함이 있어야 한다. 그리고 이 간절함에 따라 하나님의 돌보심과 섭리, 예수 그리스도의 본을 따라 연보하라 가르치고 알려야 한다.

하지만 이렇듯 중요한 연보라 하더라도 이를 모아 전달하는 일은 자주 조심스럽고 위험하기도 하다. 물론 돈에 대한 유혹도 생길 수 있고, 의도하지 않은 의심을 받을 수도 있다. 그 돈의 규모가 크다거나, 돈을 받는 때와 이를 전달하는 시간에 간격이 있다면 더욱 그러하다.

> 이것을 조심함은 우리가 맡은 이 거액의 연보에 대하여 아무도 우리를 비방하지 못하게 하려 함이니 이는 우리가 주 앞에서뿐 아니라 사람 앞에서도 선한 일에 조심하려 함이라.
>
> (고린도후서 8:20, 21)

바울도 돈을 모아 전달하는 것에 대한 사람들의 비방거리가 되지 않아야 함을 잘 알고 있었다. 기록하기를 주 앞에서도 떳떳해야 하지만 사람들 앞에서도 이 사안에 대해 비방을 받지 않아야 한다고 하고 있다.

연보는 모두에게 민감한 사안인 돈을 다루는 일이다. 돈에서 신뢰를 잃으면 모든 것을 잃게 된다. 기독교 비영리단체가 주목해야 할 것은 하나님 앞에서 재정적으로 떳떳한 것과 동일하게 사람들에게도 떳떳해야 한다는 점이다. 종종 '맡겨 주신 재물을 하나님과 교회를 위해, 가난한 자들을 위해 우리가 잘 사용했으니 염려하지 마시고, 자세히 알려고 하지 마세요. 우리가 잘하고 있습니다.'라는 선에서 재정적 투명성을 마무리하려는 활동가나 기관이 있다. 실제 재정이 아주 투명하게 합리적으로 잘 사용되었다 하더라도 이것이 사람들에게 비방의 빌미를 남겨서는 안 된다. 이것이 성경을 통해 연보를 어떻게 다루어야 하는지 알려 주는 이슈이다.

물론 법적으로 기부금은 이를 받은 기관이 알아서 잘 처리하는 것으로 기본적인 책임과 책무성을 다했다고 할 수 있다. 법적으로 요구되는 공시 사항만을 잘 지킨다면 연보나 기부금의 사용 보고나 세부 내역을 공개할 의무가 모든 기관에게 있는 것은 아니다. 그렇지만 그 과정에서 오해나 비방의 소지를 남기는 것은 옳지 않다.

바울은 마케도니아교회에서 보내온 연보가 어떻게 사용되었는지 솔직히 고백한다. 자신을 위해서도 연보 중의 일부가 사용되었는데 이는 마케도니아 교인들이 그렇게 하도록 정해 주었다는 점을 명확하게 밝히고 있다.

따라서 기독교비영리단체와 모금가는 기부금에 대해서 사람들의 오해나 비방이 발생하지 않도록 여러 가지 조치를 해야 한다. 솔직한 재정 공개는 물론이고 기부금의 세부 사용 내역과 흐름을 객관적이고 공정한 절차를 거쳐 공개해야 하고, 이 과정에 바울이 여러 믿을 만한 동역자들과 함께한 것처럼 믿을 만한 전문가들이나 동역자들이 참여하는 게 필요하다.

> 또 내가 너희와 함께 있을 때 비용이 부족하였으되 아무에게도 누를 끼치지 아니하였음은 마게도냐에서 온 형제들이 나의 부족한 것을 보충하였음이라 내가 모든 일에 너희에게 폐를 끼치지 않기 위하여 스스로 조심하였고 또 조심하리라.
>
> (고린도후서 11:9)

한 가지 더 여기서 주목해야 할 것은 모금가와 모금기관은 기부자의 삶의 양태와 우선순위, 재물의 사용에 영향력을 행사한다는 것이다. 그리고 그럴 수 있어야 한다. 이는 평소의 생활과 활동, 삶이 중요하고, 상호간의 관계를 전제로 한다.

마케도니아의 형제들은 바울의 선교비와 생활비를 위해 연보를 했다. 마케도니아 교인이 연보를 훌륭하게 감당한 것은 바울과의 관계를 빼 놓고 이야기하기 어렵다고 할 수 있다. 즉 모금가나 기관은 잠재기부자와의 관계에서 제3자로서의 객관적 위치에만 머무를 수 없다는 점이다. 이에 관해서는 앞 장에서 설명을 했다.

실제적으로 모금가는 자신의 경제적 여건을 기부자에게 의탁하지 않는다. 전형적으로 기부금 액수 대비 성과급을 받는 것은 성경적이지 않다. 바울이 스스로 조심하고 조심하는 것과는 거리가 있기 때문이다. 모금가는 기관에 속해서 정해진 보수를 받는 것이 타당하지 모금액수에 비례하여 성과급으로 보수를 받는 것은 타당하지 않으며, 기부자나 기부금을 유치했다고 해서 소개료 같은 것을 취하는 것도 윤리적이지 않다.

그렇기에 모금가와 비영리기관의 행동은 무엇에든

지 옳으며 정결해야 하고, 시비가 없어야 하며, 흠이 없고 순전하도록 조심하고 조심해야 한다.

> 끝으로 형제들아 무엇에든지 참되며 무엇에든지 경건하며 무엇에든지 옳으며 무엇에든지 정결하며 무엇에든지 사랑 받을 만하며 무엇에든지 칭찬 받을 만하며 무슨 덕이 있든지 무슨 기림이 있든지 이것들을 생각하라
> **(빌립보서 4:8)**
> 내가 궁핍하므로 말하는 것이 아니니라 어떠한 형편에든지 나는 자족하기를 배웠노니 나는 비천에 처할 줄도 알고 풍부에 처할 줄도 알아 모든 일 곧 배부름과 배고픔과 풍부와 궁핍에도 처할 줄 아는 일체의 비결을 배웠노라. 내게 능력 주시는 자 안에서 내가 모든 것을 할 수 있느니라.
> **(빌립보서 4:11-13)**

바로 앞에서 이야기했듯이 모금가는 자신이 경제적으로 궁핍함에 처하더라도 이를 기부자에게 직접 말하는 것은 바울의 예를 따르면 적절하지 않다. 자기 관심과 재정적 필요를 해결하기 위해 돈을 요구하는 것은 모금이 아니라 구걸이라고 한다. 바울은 연보를 권면했지 자신을 위해 구걸하지 않았다. 비록 마케도니아 교

인들이 바울을 위한 연보를 하였다 하더라도 그것은 연보하는 자의 마음을 확인하고 받은 것이다.

모금의 현장에서 적극적인 모금활동을 가로막는 가장 큰 심리적 장벽은 거절에 대한 두려움과 모금활동이 자신을 위한 구걸로 보여질까 우려하는 것이다. 만약 모금가가 자신의 문제해결을 위해 연보를 요청한다면 그것은 구걸로 보일 수 있다. 하지만 연보는 제3의 이웃을 위해 돈을 모아 적절하게 집행하는 것이니 결코 구걸이 아니다. 그러므로 모금가는 미안해하는 마음을 접어두고 다른 사람들에게 당당하게 그리고 진실되게 연보를 요청하는 것이 마땅하다. 마치 바울처럼.

바울은 천막을 지어 스스로 자신을 위한 소득을 창출했다. 기본적인 자신의 생활비는 이를 통해 충당했을 것이며, 오랫동안 같이한 안디옥 교회에서의 지원이나 개척한 이방 교회에서의 자발적 연보로 선교활동을 수행했다고 봐야 한다.

그 과정에서 자신의 미션과 활동의 내용을 많은 사람들과 공유했을 뿐만 아니라 여러 교회에 보낸 편지를 통하여 선교활동과 그 과정을 공유했으며, 각 교회와 교인들은 바울이 행하는 바를 직접 눈으로 확인했기에 그들이 행하는 연보가 바울에게도 유익이 되길 바랐을 것이다. 이런 연보가 있었다 하더라도 바울은 자신의 궁핍함으로 인해 연보를 권면한 것은 아니며, 자신은 재정적 환경이 어떠하든 문제가 되지 않는다고 말하고 있다. 다만 그는 어려움에 처한 예루살렘교회에 연보를 전달하는 것이 자기의 역할이라 말하고 있다.

현대의 모금에서도 모금가에게 요구되는 행동 원리 중 하나가 자신의 경제적 유익보다는 수혜자와 단체의 사업을 우선적으로 고려하라는 것이다.

함께 일하기

아마 예루살렘교회를 위한 이방 교회의 연보를 모아 전달하는 것은 생각하기에 따라 폼 나는 역할일 수도 있었을 것이다. 안디옥 교회나 아시아와 근동에 흩어져 있는 교회들이 자신들의 어려움에도 불구하고 기근으로 고생하고 있는 예루살렘교회를 위해 모은 돈을 사도들에게 가서 전달하는 것은 아마도 영광스러운 일이었을 것이므로 아무나 맡을 수 있는 것은 아니었을 것이다.

다만, 이 연보를 모아 전달하는 일의 성격이 영광스럽지 않은 귀찮고 위험한 일이었더라도 바울은 이 일에 동료를 적극적으로 참여시켰고 팀을 이루었다는 점을 주목할 필요가 있다. 그리고 그 일에 있어 바울이 가장 큰 책임이 있음을 인정하고 있다. 그만큼 이 연보를 모으고 전달하는 일은 바울에게는 물론이고 전체 교회 차원에서 중요한 일이었다.

> 너희를 위하여 같은 간절함을 디도의 마음에도 주시는 하나님께 감사하노니 그가 권함을 받고 더욱 간절함으로 자원하여 너희에게 나아갔고 또 그와 함께 그 형제를 보내었으니 이 사람은 복음으로써 모든 교회에서 칭찬을 받는 자요 이뿐 아니라 그는 동일한 주의 영광과 우리의 원을 나타내기 위하여 여러 교회의 택함을 받아 우리가 맡은 은혜의 일로 우리와 동행하는 자라
>
> **(고린도후서 8:16-19)**

얼핏 생각해 본다면, 각 교회들이 예루살렘교회를 위해 모은 연보를 굳이 이 사람 저 사람을 거치고 통하여 전달할 이유가 있을까 싶기도 하다. 어짜피 하나님

나라와 공동체를 위해 그리스도의 본을 따라 이루어지는 은혜로운 일인데 말이다.

하지만 바울을 통해 살펴본 모금활동은 개인이 아니라 팀으로 이루어지고 있음을 분명히 알 수 있다. 앞에서 살펴본 것처럼 바울은 연보의 일에 시험이 없도록 하기 위해 여러 사람과 함께 일하는 방법을 선택한다. 바울에게는 디도라는 연보 모집의 동역자가 있었고, 그 외 다른 어떤 형제도 이 일에 동참하였다.

모금에 함께 동역한 자들은 교회들(기부자들)도 인정하는 사람들이라고 바울은 이야기한다. 인정한다는 말은 이들이 하나님 나라의 일에 열심이고 순수하다는 것을 뜻할 것이며, 연보를 모으고 전달함에도 신실하고 투명함을 뜻할 것이다.

> 내가 이를 때에 너희가 인정한 사람에게 편지를 주어 너희의 은혜를 예루살렘으로 가지고 가게 하리니, 만일 나도 가는 것이 합당하면 들이 나와 함께 가리라
>
> **(고린도전서 16:3, 4)**

연보를 모으고 전달하는 역할이 주된 것이라 할지라도 성도에게서 물질을 모으는 것만이 동역자들이 하는

일은 아니다. 바울은 이들의 역할이 연보를 미리 준비하도록 권면하는 것이라 하였다. 결코 바울이 주목하여 강조하던 것과 다르지 않다.

> 그런데 이 형제들을 보낸 것은 이 일에 너희를 위한 우리의 자랑이 헛되지 않고 내가 말한 것 같이 준비하게 하려 함이라
>
> **(고린도후서 9:3)**
>
> 이 형제들로 먼저 너희에게 가서 너희가 전에 약속한 연보를 미리 준비하게 하도록 권면하는 것이 필요한 줄 생각하였노라.
>
> **(고린도후서 9:5)**

특히 모금가는 이 연보를 모으는 일에 마음이 간절한 이를 세워야 한다. 연보를 억지로 하는 것도 성경적이지 않지만 모금을 억지로 하는 것도 마찬가지이다. 바울은 이 일에 함께한 형제가 그 마음이 간절함을 여러 번 확인하였다고 한다. 그러므로 이 일을 감당할 이가 없어 억지로 업무를 맡긴다든지 임시로 다른 일과 병행하게 하는 것은 결코 바람직하지 않다.

모금이 여타의 교회사역에 비해 그 수준이나 중요

성이 떨어지는 것이 아니기에 모금가 역시 사도의 동역자요, 동료이며 하나님의 사자이며, 그리스도의 영광을 드러내는 사람들이다. 앞서도 이야기한 것처럼 이들은 교회에서도 인정받은 사람들이다. 따라서 모금가는 어느 날 갑자기 나서는 사람이기보다는 오랫동안 기관이나 공동체에서 여러 사람들에게 신뢰를 쌓아 왔거나 그렇다고 인정된 사람이어야 한다. 단순히 기술적 전문성만을 가지고 모금가가 되는 데에는 한계가 있을 것이며, 이른바 믿음이 좋다고만 하여 모금가가 되는 것도 아닐 것이다.

그러므로 교회는 간절한 마음을 가지고 헌신하며 이 일을 감당하는 모금가를 존중해야 한다. 단순히 돈을 모으러 다니는 자로 봐서도 안 되고, 더군다나 자신의 유익을 위해 사람들을 만나는 사람으로 치부해서는 안 된다. 모금가는 하나님 나라와 은혜, 하나님의 영광을 전하고 이에 초대하는 성직자 못지않은 동료요 동역자로, 연보하는 자 못지않게 존중해야 한다.

> 또 그들과 함께 우리의 한 형제를 보내었노니 우리는 그가 여러 가지 일에 간절한 것을 여러 번 확인하였거니와

이제 그가 너희를 크게 믿으므로 더욱 간절하니라. 디도로 말하면 나의 동료요 너희를 위한 나의 동역자요 우리 형제들로 말하면 여러 교회의 사자들이요 그리스도의 영광이니라.

(고린도후서 8:22, 23)

너희의 사랑의 진실함을 증명하고자 함이라
고린도후서 8장 8절

5장

연보와 모금에서
더 생각해 볼 이슈들

5장
연보와 모금에서 더 생각해 볼 이슈들

이렇게 연보가 구조적으로 자리잡는 게 사회적으로 뭐 그리 대단할까? 그저 남이 모르는 선한 일을 믿는 사람들이 하면 되지.

바울도 선교하랴 텐트 지으랴 바쁜 와중에 부분적으로 모금을 한 것 같은데, 굳이 전문적인 노력을 기울여야 할 필요가 있을까. 열심과 헌신으로 충분하지 않을까?

요즘 공유경제나 사회적 경제 같은 대안들이 제기되는데, 연보와 모금이 제대로 이루어지면, 자본주의의 폐해를 극복하는 대안이 되지 않을까?

5장에서는 연보와 모금과 관련하여 제기될 수 있는 몇 가지 이슈를 다루고 있다. 특별한 흐름이나 체계에 따른 것은 아니고 이런 저런 이슈를 다루고 있는데, 우선, 연보를 개인과 교회 안의 이슈로만 해석해야 할지 살펴본다. 연보와 헌금에 대한 개인적 견해를 조심스럽게 논해봄으로써, 왜 모금이 전문성을 갖는 게 타당한지 이해하게 될 것이다.

모금은 진정한 공동체를 세운다.

공동체의 여러 가지 중요한 기능과 역할 중의 하나는 내가 무너졌을 때 나를 잡아주고 보호하며 일으켜 세우는 것이다. 이런 신뢰가 있을 때 사람들은 공동체에 속하고 그 공동체를 사랑하며, 물리적으로 떠나 있어도 그 공동체에 소속감을 가지고 그리워하며 뭔가 기여를 하고자 한다. 이런 신뢰는 속하고 싶은 공동체가 곤고에 처한 자를 감싸고 세우는 철학과 태도, 원칙 그리고 시스템과 역량을 구비하고 있음을 직간접으로 확인함으로써 이루어지고 그런 사례들이 역사적으로 현실에서 드러나면서 강화된다.

과연 지금의 한국 교회는 그렇게 신뢰를 주는 공동체인가?

아마 야고보가 지적한 대로 '말로는 그럴 수 있다. 그리고 정신적으로 그럴 수 있다. '기도하마!' 하지만 이것이 진정한 경건이 아니라는 것을 야보고는 확실하게 지적한다.

> 만일 형제나 자매가 헐벗고 일용할 양식이 없는데 너희 중에 누구든지 그에게 이르되 평안히 가라, 덥게 하라, 배부르게 하라 하며 그 몸에 쓸 것을 주지 아니하면 무슨 유익이 있으리요.
>
> (야고보서 2:15, 16)

또 한편으로는 교회나 기독교 공동체는 이른바 '신앙의 문제'에만 개입하고 해당된다고도 할 수 있다. '교회는 신앙공동체이니 지금 당신에게 문제가 있는 경제적인 것은 잘 모르겠고, 당신이 하나님에게서 멀어지거나, 교리에서 벗어나거나, 예배나 교회출석, 교회봉사에 문제가 생기면 개입합니다.' 이런 태도를 취할 수도 있다. 물론 이 내용만으로 잘못은 아닐 것이다. 교회가 이런 사안에 대해 적극적으로 대처하는 것은 당연하기 때문이다.

    육체의 질병이나 사고에 대해서 교회가 조금은 도와주지만, 심각하게 사회적으로나 경제적으로 무너짐에 대해서 교회가 적극적으로 개입하거나 준비하지는 않는다. 약간의 시혜를 베풀거나 적정한 수준에서 '챙기기'를 할 수 있다면 다행이다. 아마 십일조나 헌금을 더 하기 위해 직업이나 직장을 찾고, 사업이 잘 되기를 기도해 주고, 물질의 복을 받으라 기원하기도 한다.

    물론 교회가 모든 어려움을 다 해결할 수 있는 여력이 없을 수도 있지만, 애초부터 이런 고난이나 곤고에 대해서는 지속가능성을 염두에 두고 심도 있게 준비하거나 대처하지 않았기 때문일 가능성이 더 크다. 그만큼 구제나 연보가 교회 공동체의 중심에 들어와 있지 않다는 것을 역시 반증할 뿐이다.

    그러나 하나님은 정결하고 더러움이 없는 경건은 바로 '연보하는 것'이라 말씀하신다. 이에 대한 특별한 이유나 상황의 조건을 붙이지 않으신다. 우리의 신앙이 경건하고 깨끗한지 여부가 구제와 연보에서 드러난다는 것이다. 그렇다면 교회와 성도는 연보를 무시해서도 후순위로 미루어도 안 되는 것이다.

> 하나님 아버지 앞에서 정결하고 더러움이 없는 경건은
> 곧 고아와 과부를 그 환난중에 돌보고 또 자기를 지켜
> 세속에 물들지 아니하는 그것이니라.
>
> (야고보서 1:27)

교회공동체에 들어온 사람들만 잘 챙기더라도 많은 문제가 균등해질 것이며, 사도행전 6장에 따르면 구제에서 빠지던 헬라파 과부를 위해 교회의 리더들을 세우고 제도적 조치를 취하자 '하나님의 말씀이 점점 왕성하여 예루살렘에 있는 제자의 수가 더 심히 많아지고 허다한 제사장의 무리도 이 도에 복종하니라'(7절)라고 하고 있다.

한 가지 더 마음에 새겨 볼 것이 있는데, 예수는 공생애에 어떤 사람들과 대부분의 시간을 함께 하셨는가 하는 것이다. 그분의 주변에는 힘들고, 어렵고, 아프고, 착취당하고, 갈 곳 없는 사람들이 몰려들었으며 예수께서는 그들의 필요를 해결하는 것은 물론 그들과 함께하셨다. 그 본을 따른 초기 기독교교회라면 어떤 사람들이 주로 교회공동체에 몰려들었겠는가? 구제에서 배제된 헬라파 과부들이 어쩌다 생겨난 소수의 무리는 아니

었을 것이다. 초대교회도 헬라파 과부까지 그 인식의 폭을 넓히지 못한 상황이었으며, 그 부조리함과 부족함을 인지하지 못했었다고 추정할 수밖에 없다.

그러므로 우리는 이 사안에 대해 좀 더 전향적이고 적극적인 태도와 행동을 취해야만 한다. 가난하고 연약한 자들이 교회에 안심하고 의탁할 수 있도록 해야 한다. 그들이 직접 공동체 안으로 들어오든 그렇지 않고 자신의 위치에서 교회공동체의 연보와 돌봄을 받든 교회가 그들의 강력한 울타리가 되어야 하는 것이다.

이를 개별 교회가 아닌 기독교 비영리단체까지 확장해서 적용해야 한다. 교회는 하나님의 백성이 모이는 공동체이고 구제나 연보를 우선순위에 놓지 않는다고 주장할 수 있을지 모르지만, 비영리단체가 이런 논리를 내세울 수는 없다. 비영리단체의 존재이유 자체가 사회적 과제를 해결하고 사람과 하나님의 창조세계가 존중받도록 하는 것이기 때문이다. 그렇다면 기독교를 기반으로 하는 비영리단체들은 무너진 성도나 시민들로부터 이런 신뢰를 받고 있으며, 이런 신뢰의 기반을 가지고 있는가 확인해 볼 필요가 있다.

적극적인 모금을 통한 연보는 이 신뢰를 구축하는 기초이다. 연보를 통해 재정적인 문제를 해결함은 물론, 그 이면의 가난과 곤고, 질병, 폭력을 넘어 인권과 행복, 자아실현, 삶의 질을 지원하고 보장할 수 있기 때문이다. 이 과정에서의 연대감과 소속감은 공동체성을 한층 더 강화하고 성숙시키는 것은 말할 것도 없다.

교회와 기독교 비영리단체가 사회 구성원의 가난과 어려움, 곤고를 연보를 통해 해결하는 것이라면, 연보를 나누는 것은 공동체성의 가장 확실하고도 가시적이며 실질적인 공동체 세움이다.

연보든 헌금이든 큰 차이는 없다

한국의 많은 교회는 교인이 직접 교회 밖으로 연보를 많이 하는 것에 대해 그리 호의적이지 않다. 연보를 하더라도 교회의 이름으로 하도록 권하거나, 목적성 헌금으로 구제헌금을 명시하도록 하는 경우가 대부분을 차지한다.

어느 교회에서는 헌금의 일부를 자기 교회 밖의 구제 등에 사용하도록 제도화하여 헌금을 받기도 하지만,

대부분의 경우 십일조를 출석교회가 아닌 다른 외부 기관은 물론이요 교회 관련 비영리기관에 낸다는 것을 그리 탐탁해하지 않는다.

그리고 모든 것은 교회에 헌금을 하고 그것을 교회의 이름으로 나눠주기를 선호한다. 그 이유나 근거에 대해서는 명확하게 드러난 것은 없다. 다만 몇 가지 이유를 추정할 수 있을 뿐이다.

'선한 일을 함에 있어서는 그래도 교회의 이름으로 모아서 하는 것이 좋지 않을까?'
'구제를 하는데 굳이 개인의 이름이 드러나는 것은 예수님도 그리 하지 말라고 하셨으니 개인적으로 하는 것은 그리 바람직하지 않아'
'여럿이 모아서 하면 더 크게 많이 할 수 있어 더 좋을 듯해'
'교회에 헌금하면 다 알아서 잘 할 텐데 뭘 굳이...'
'교회안의 사람을 먼저 도우라고 했으니, 구제헌금을 하면 그걸로 충분하지.'
'교회에서도 할 일이나 할 수 있는 일이 많은데 굳이 외부에 연보해야 하지.'

등등 그 이유가 선하든 뭔가 숨겨진 것이 있든 합리적인 근거는 별반 제시하지는 못한다.

그렇다면 교회에서 헌금을 하면 연보의 책임은 면제되는 것인가? 그리고 연보와 헌금은 어떤 면에서 다른가? 교회에 내는 헌금 중의 일부를 다른 곳에 연보한다면 적절치 않은 것인가? 십일조로 충분할 텐데 왜 이러저러한 명목(특히 구제나 사회적 참여 등)으로 헌금의 종류를 늘리는 것일까?

신학적으로 헌금을 어떻게 정의하고 그 종류를 어떻게 하는 것이 성경적이고 바람직한 것인가 하는 것은 여기에서는 논외의 사항이다. 정의하는 이에 따라서 헌금에 구제를 위한 헌금을 포함하여 이를 연보라 하는 이도 있고, 연보와 헌금을 같은 것으로 보는 이도 있다.

바울은 연보가 어려움에 처한 예루살렘 교회에 전달된다고 했고, 연보 중의 일부는 자신의 필요를 충족하는 데 사용되었다고 말한다. 오순절 예루살렘 초대교회에서는 집과 밭을 팔아 공동체에 가져온 돈을 구성원의 필요에 따라 그것을 채우는 데 사용되었다고 기록되어 있다. 고아와 과부, 나그네를 돌보라는 성경의 가르침에 따른다면 연보(바울은 어려움에 처한 예루살렘 교회를 돕기 위해 연보를 모은다고 했으니, 어려움에 처한 이를 위한 재물이라는 개념이 가장 확실하다)는 오히려 외면할 수 없는 거룩한 재물 사용이다. 그리고 그 고아와 과부가 꼭 교회 안의 사람들이어야 하는 것도 아니다. 예수님도 이방 여인을 돌보셨고 가난한 이는 늘 우리와 함께 있을 것이니 이들을 돌보라고 하지 않으셨던가.

그렇다면 오늘날 한국교회의 전통(?)처럼 자기 교회의 재정적 필요와 소요를 채우고 교회의 이름으로 구제하기 위해 드리는 헌금을 포함하면서 이를 더 넘어서는 것이 연보라 할 수 있다. 초대교회의 전통이나 바울이 칭찬한 마케도니아교회의 연보를 통해 살펴보건대 연보는 재물을 받는데 우선 관심이 있는 것이 아니라 나누는 데 더 관심이 있었다고 할 수 있다. 그것이 교회의 이름으로 이루어지든, 선한 사마리아인처럼 개인이 남몰래 실천하는 것이든 그것은 그리스도의 정신과 순종을 실천하는 것이었다 할 수 있다.

앞서 살펴본 연보의 의미와 본질을 되새겨보더라도 연보는 요즘의 헌금 개념보다 더 포괄적이고 강력한 신앙고백이다. 헌금이 '주되심'의 고백적 행위이므로 헌금을 거부하는 것이 비성경적이고 비기독교적이기에, 헌금을 포함해서 더 본질적으로 그리스도를 본받아 사랑의 진실함을 드러내는 연보는 더더욱 회피하거나 유보할 수는 없다.

그렇기에 헌금은 하나님의 통치와 교회 공동체에 대한 최소한의 고백이며, 주권에 대한 인정이고 순종이라 할 수 있고, 연보는 이보다는 더 광의의 하나님 나라 구현이고 복음의 행동이라 할 수 있다. 따라서 헌금보다 더 넓은 의미를 가지는 연보는 그리스도와 복음에 매인 자들에게는 자연스럽게 마음에서 우러나는 헌금 이상의 거룩하면서도 고백적인 행위라 할 것이다.

모금은 전문적인 성직이다

역대로 지구촌 구석구석에서 헌신한 선교사들의 수많은 선교소식지는 선교의 과정과 열매, 하나님의 역사에 대한 설명으로 이루어진다. 반면 조지 뮬러의 경우처럼 이런 하나님의 역사에 대한 성도들의 참여나 재정적 지원까지를 존중하며 가치를 부여하는 것은 작은 부분을 차지한다.

그럼 선교를 위한 기도는 영적으로 아주 우월한 지

원이나 참여 방식이고, 연보는 한 수준 떨어지는 세속적 지원이나 참여일까? 선교 현장의 은혜와 열매에 대해 선교보고를 듣고 감명을 받고 굳센 선교를 권면하는 것은 영적인 교제이고, 재정적 필요에 대한 솔직한 상황을 조금이라도 해결해 주겠다고 하는 것은 자기와 자기 재산 자랑이라고 치부해야 하는가?

더 나아가 주변 지인에게 기도편지를 보내는 일은 성직이고, 후원 내역과 사용 보고를 만들어 보내는 것은 미션과는 상관없는 돈 정리라고 보는가? 기도해 달라고 하는 선교사는 더 영적이고 헌신되어 있는데, 선교 현장을 위한 연보를 권하는 선교사는 속물인가? 앞의 내용들을 읽었다면 이런 질문이 무의미하다는 것을 잘 알게 되었을 것이다.

앞서 다루지 않은 질문 하나를 해보자. 선교사 개인에게 후원금 모집을 맡기는 태도와 방법은 과연 적절한가? 한국 교회 선교의 특징 중 하나는 선교에 소요되는 재원을 스스로 모집하는 것이다. 물론 선교사를 후원하는 곳이 개별교회이거나 교회 내 각종 모임일 수도 있지만, 직접 관계 맺은 성도 개인의 선교후원에 많은 선교사들이 의지하고 있다.

이런 개인적 선교 후원 모집은 바울의 예를 따르는 것으로 보인다. 또한 구약시대의 엘리야의 도피 생활에서의 채우심도 모델이 되는 듯하다. 이 방법이 비성경적이거나 잘못된 방법이라고 말할 수는 없다. 그러나 균형되게 하는 채우심보다는 비참으로 이끌 가능성도 높다.

수혜자나 사용자가 직접 연보를 모으는 것은 큰 장점이 있다. 먼저는 정보의 실제성에 장점이 있다. 선교사를 포함한 수혜자나 사용자가 직접 연보를 어필할 때에는 그 진실함과 절실함, 연보의 쓰임새, 삶의 현실을 가장 잘 전달할 수 있다. 듣는 이로 하여금 가장 직접적으로 연보의 중요성과 가치를 느끼게 하고 행동으로 옮기게 하는 동기로 작용한다.

또한 이 과정을 통해 연보하는 자와 연보를 받는 자 간의 관계가 더 심화되고 동역자 의식이 커지기도 한다. 개인적으로도 더 친밀해질 수 있으며 향후 더 큰 사역에의 밑거름이 되기도 한다. 더 나가 이미 후원자와 연보를 예비해 놓으시고 적시에 가장 적절한 액수의 연보를 공급하시는 하나님을 경험하고 감사할 수 있다.

연보를 나누는 기부자 입장에서도 심리적 안정을 취

할 수 있다. 사용자나 수혜자에게 돈이 직접 전달되기에 중간에 지체나 배달사고가 일어나지 않을 것이라는 마음에 안심할 수 있고, 직접 감사의 말이나 선물을 받는다면 친밀감을 가질 수 있고, 자신도 현장에 간접적으로 참여함으로 인한 뿌듯함, 연보의 가치를 더 느끼고 앞으로도 더 해야겠다는 거룩한 부담 등이 마음속에서 일어날 수도 있다.

반면에 연보가 필요한 사람이 후원자에게 직접 어필하여 연보를 받은 경우에 몇 가지 아름답지 않은 모습이 드러날 수도 있다. 먼저 연보를 구하는 입장에서 하나님의 돌보심에 대한 '믿음 없음'을 드러내는 듯하여 스스로 회의나 의심을 불러 일으킬 수 있다. 앞서도 이야기한 것처럼 엘리야와 사르밧 과부의 사건이나 바울의 경제관을 따라 하나님께 헌신한 자가 먹고 입고 마시고 잠을 자는 문제를 논하고 이를 주변 사람에게 공개적으로 요청하는 것이 믿음 없는 행위로 보일 수 있고 이로 인해 자칫 하나님의 일을 하면서 스스로 재정의 문제도 해결해야 하는가 하는 자괴감에 빠질 수도 있다.

다음으로 아무래도 후원자의 상황에 예민하게 반응

할 수 있다. 누가 얼마를 언제 보냈고, 누구는 이번 달 후원금이 입금이나 자동 출금이 되지 않았고, 그분은 삶이 어려운데 또 보냈고, 바위같이 약속한 친구는 아무런 행동을 취하지 않고 있고. 이래저래 한 사람 한 사람이 의식되지 않을 수 없다. 누군가는 미안하고, 고맙고, 야속하고, 눈치 보이고 그래서 하나님보다는 사람을 더 의식하고 의지할 수도 있다. 개인적 관계에 의지하는 연보로 인해, 가난하든지 풍부하든지 처한 상황에 자유로이 처신하기 어려운 상황에 처할 수도 있다는 것이다.

한 가지 더 심사숙고해 볼 것은 선교나 구호, 교육의 현장에 있는 분들이 모금- 연보 모집-의 전문가는 아니라는 점이다. 꼭 전문가이어야 한다는 근거는 없으나, 하나님께로부터 받은 소명을 이루는 데 참여하는 것은 긴 시간의 깊은 헌신을 요하며 이의 달성을 위해 필요한 소양과 역량을 구비하는 데에도 충분하지 않을 수 있다. 여기에 모금 역량까지 갖추고 전문성을 발휘하도록 요구하는 것은 무리한 기대할 수 있다.

우리가 굳이 유대인의 전통이나 방식을 따를 필요는 없겠으나, 유대인들은 기부하는 자와 받는 자가 서로를 아는 기부나 연보를 수준이 낮은 것으로 보고, 오히려 기부하는 자와 받는 자가 서로 누구인지 모르는 것이 더 나은 연보와 모금이라고 인정하는 점을 유념해 볼 필요가 있겠다. 물론 더 높은 수준의 기부도 있지만.

그렇기에 기독교 선교사나 활동가들을 위한 모금에 있어서는 이들이 직접 연보를 요청하는 것의 장점을 살리고 그 위험을 극복하는 지혜가 필요하다. 다만, 직접 연보를 요청하는 것보다는 수혜자의 상황과 그 필요를 충분히 이해하고 공감한 모금가나 단체가 이런 상황이나 필요를 연보하는 자에게 전달하는 것이 적절할 것이다. 마치 바울이 아시아의 여러 교회와 예루살렘 간에 연보를 통해 화평과 형제 됨을 이룬 원리를 적용하는 것이다. 그리고 바울은 여러 곳에서 자신의 선교활동을 위한 연보를 직접 요청하지 않았음을 강조하는 것도 새겨볼 사안이다.

그러므로 기독교 단체는 독자적인 모금체계를 구축하여 선교사나 활동가로 하여금 재정적으로 균형을 이루도록, 기부자가 연보하는 은혜의 풍성함을 누리도록 할 수 있는 역량과 기술을 구비하고 이에 상응하는 협력채널을 형성해야 한다.

그렇다면 기독교단체와 기독교 모금가의 활동은 어떤 모습이어야 하는가? 이미 앞에서 여러 가지 모습을 설명하였다. 이를 모아 기독교 단체나 모금가의 모금 활동은 어떠해야 하는지 정리해 보자.

먼저, 모금을 대하는 태도와 관점이 바뀌어야 한다. 모금은 하나님 나라에의 초대이며 성직이다.

둘째, 연보를 적극적으로 권하여 일상생활에 스며들도록 하고, 연보행위를 존중하고 인정해야 한다.

셋째, 연보가 어떤 의미가 있는지 교회에 널리 알려야 한다. 연보는 그리스도의 본을 따르는 것이며, 만나를 현실에서 구현하는 것이다.

넷째, 기부자-수혜자라는 수직적 일방적 관계관을 청산하고 미션의 동역자 관계를 형성해야 한다.

다섯째, 전문가를 키우고 전문적인 기술과 능력을 갖추어야 한다.

여섯째, 기도와 예배처럼 연보가 일련의 양식을 갖추고 교회와 단체 안에 모금의 문화와 체계가 자리잡도록 해야 한다.

일곱째, 모금가와 그 연보를 모으는 일을 거룩한 것으로 존중해야 한다.

연보경제! 가능한가

근대 사회를 지탱해 온 경제체제로서 사회주의나 공산주의는 자본주의에 비해 그 영향력을 급격히 상실하고 있다. 반면 자본주의는 물신에 대한 거의 맹신적 추종으로 사회적 불평등과 불균형은 물론 인간 자체에 대한 편견과 차별을 한편에서 드러내고 있다.

우리나라의 자본주의경제는 1945년 해방 이후 특히 1960년대 이후 세계사에서 찾아볼 수 없는 유일무이한 경제성장을 가져다주었지만 수많은 측면에서 부작용을 동반했으며 현재에도 여러 면에서 미숙한 모습을 보이고 있다. 자본주의 경제체제는 사회적 합의를 통해 다양한 사회보장제도와 사회안전망체제를 함께 유지, 발전시켜야 함에도 불구하고 우리나라는 1997년 IMF체제 이후에야 겨우 이를 도입하였고 그 이후 많은 보완에도 불구하고 충분한 수준에 이르지 못하고 있는 상황이다.

그런 한편으로는 개인이나 기업의 자발적인 기부도 법으로 금지시키는 등 제약을 받아 시민과 민간이 주도하는 자발적인 자원봉사 활동이나 나눔 등이 발전, 성숙하지 못하고 오히려 위축되어 왔다.

이런 사회적 상황에 직면하여 앞서 살펴본 것처럼 연보와 모금이 하나님 나라의 주요한 원리이며 경제문제 해결의 방편이라면 하나의 대안경제가 될 수 있지 않을까 생각해 볼 수 있다. 마치 21세기에 들어서면서 사회적 경제니 공유 경제니 하며 자본주의에 대응하는 대안경제가 제시되고 추진된 것처럼 말이다.

사회적 경제나 공유 경제의 개념에는 기부나 자산의 공유와 공동 사용, 관리 등을 통해 새로운 경제질서나 경제의 축을 만들 수 있을 것이라는 기대가 포함되어 있다. 일부 유럽의 도시에서는 기부를 통한 재물 공유는 아니지만 협동조합이 지역경제의 핵심 주체로 등장하여 자리잡고 발전하고 있기도 하다. 이런 경향이나 사례들을 감안한다면 기부를 통해 사회를 균등하게 하는 '연보경제'도 가능하지 않을까 생각해 보기도 한다.

이런 문제제기는 한국 교회의 현 상황과도 상당한 관련이 있다. 한국에서 개별 교회의 대형화는 맘몬을 숭상하는 것 아니냐는 비판을 받을 정도로 자본주의적 폐해를 드러내고 있다. 교회 안에서 나눔과 상생의 가치는 부수적인 것이 되고, 부자가 되고 자기들끼리 그 안에서 편안함을 추구하며 배타성이 커져만 가는 것처럼 보이기 때문이다.

그러나 성경의 원리[1]나 초기 기독교 공동체는 많은 내·외부 장애요인에도 불구하고 나눔경제를 구현하여 진정한 공동체 정신을 확립, 발휘하여 세상 변화의 근간을 놓은 역사를 바탕으로, 바울의 연보사역을 원리로 하여 연보를 통해 진정한 하나님 나라 공동체가 회복되고, 믿는 자들이 예수의 낮아짐을 본받는 진정한 하나님의 자녀로 거듭남은 물론 현대 사회의 경제적 문제까지도 해결할 수 있지 않을까 기대를 가져 볼 수 있다.

통계상으로 볼 때 우리나라 국민은 GDP 대비 1%를 약간 상회하는 정도의 기부금을 내고 있다. 이는 2%를 넘고 있는 미국의 절반 정도 수준이다. 2024년 우리나라의 국내총생산은 2236조 3천억원 정도이니 총기부금은 22조원을 넘을 것이며, 기독교가 차지하는 비중

---

[1] 예를 들면, 매 삼 년의 끝이 그 해 소산의 십분의 일을 다 내어 네 성읍에 저축하여 너희 중에 분깃이 없는 레인인과 네 성중에 거류하는 객과 및 고아와 과부들이 와서 배부르게 하라(신명기 14: 28- 29), 하나님 여호와께서 네게 주신 땅 어느 성읍이든지 가난한 형제가 너와 함께 거주하거든 그 가난한 형제에게 네 마음을 완악하게 하지 말며 네 손을 움켜 쥐지 말고 반드시 내 손을 그에게 펴서 그에게 필요한 대로 쓸 것을 넉넉하게 꾸어주라(신명기 15: 7~8) 등

을 1/3 정도라고 한다면, 기독교의 기부금은 7조원 정도라 추정할 수도 있을 것이다. 물론 이 기부금의 상당수가 교회의 헌금이라 하고 전체 기독교 기부금의 10% 정도만 교회 헌금 외의 순수한(?) 기부금이라 하더라도 연간 7천억원 정도의 기부금이 기독교 비영리단체의 모금액이라 할 수 있을 것이다.

비영리기관의 수를 살펴보면, 국내 비영리(또는 비정부)단체 중에 기독교 단체의 비중이 38%에 이른다는 조사도 있으므로, 전체 비영리기관이 3만 개 정도라면 최소한 1만여 개 이상의 비영리기관이 국내에서 기독교의 정체성을 가지고 활동하고 있을 것으로 추정할 수 있다.

지금 이 정도를 차지하는 비영리 규모나 기부금을 기반으로 연보경제가 현실적으로 가능할지는 의문이 든다. 이 정도의 규모로는 단순히 사회적 약자에 대한 배려나 부가적 차원의 기부나 단순한 나눔에 그칠 가능성이 높기 때문이다. 더군다나 연보는 제3의 경제적 활동을 토대로 형성된 재물을 기부하는 것이므로, 연보를 위한 재원을 마련하는 다른 경제 활동이 없거나 부진한 상황에서는 그 존립 근거를 상실하게 된다.

그렇다면 연보나 기부금이 사회 전반의 경제 구조와

흐름에서 차지하는 비중을 지금보다 현격하게 높인다면 자본주의의 대안경제체제는 아니어도, 경제체제의 다원화는 이룰 수 있을 것이다. 개인적인 판단으로는 GDP의 10% 내외는 되어야 하지 않을까 여겨진다. 아마 이 정도의 비중이라면 국가 경제에서 상위 5위권에 해당하는 산업의 규모에 이르지 않을까 한다.[2)]

하지만 단순한 규모나 비중보다 더 중요한 것은 연보경제가 실질적으로 사회의 변화를 추동하고 그 결실을 만들어 내도록 영향력을 행사하고, 삶의 형태와 방향, 질에 결정적 기여를 해야 의미가 있다. 다시 말해 단순히 가난을 구제하고, 재난을 구호하여 부족한 것을 메우는 정도로 기부금이 사용되는 것을 넘어, 연보가 사회변화의 중요 지점에 개입하고, 현재와 미래 사회의 주요 어젠다 해결 능력을 드러내야 한다는 것이다. 사회의 자원을 투입하는 양의 문제가 아니라 다른 가치로 확대 생산하는 창의적 발상과 추진이 드러나야 한다는 것이다.

---

2) 참고로 미국의 비영리부분은 노동시장의 10%를 차지하고 국내총생산의 5%를 차지하고 있으며, 170만개의 단체가 국세청에 비영리단체로 등록되어 있다고 한다. 이 규모는 미국 내 3대 산업의 규모로 추정할 수 있다.(자료: 킴 클라인, 앞의 책)

또한 다른 체제에 의존적이기보다는 자체적인 역량과 자율적 운용 체계를 구비해야 한다. 사회 전체의 다양한 구성원을 베풂-수혜의 차원으로 구분하는 것이 아니라 명실상부한 공동체 구성원으로 포용하고 참여토록 하여 반목과 대치를 제거하고 공존과 화평의 경제를 구비하는 것이 가장 건설적이고 현실적인 대안이 될 수 있을 것이다.

너희의 사랑의 진실함을 증명하고자 함이라
고린도후서 8장 8절

6장

배우고 받고 듣고 본 바를 행하라

6장
배우고 받고 듣고 본 바를 행하라

이렇게 물을 수 있다.

그저 연보를 남모르게 하고 있는 것만으로 충분한 건가요?

나의 연보가 세상을 바꾼다고 어떻게 확신할 수 있지요?

우리가 행하는 일상의 연보가 세상을 바꿀지는 우리는 알기 어렵다. 그럼에도 불구하고 세상 변화의 비전을 가진 다른 소명과 우리의 연보가 만났을 때 우리의 연보가 세상 변화의 열매로 드러난다.

그리고 우리 눈으로 세상 변화를 확인하지 못한다 하더라도 가장 중요한 것은 성경에서 듣고 본 바를 행하는 것이다.

일상의 연보가 또 다른 소명과 만나면

성경의 원리와 바울의 모범에 따라 연보와 모금을 행하면 과연 세상은 바뀌는 것일까? 다시 말하면 '내 연보가 세상을 바꾸나요?'라는 정말 실제적인 질문이 아닐 수 없다. 실제로 지구 한편의 가난하고 힘든 사람들을 위해 천문학적인 구호금을 투여했음에도 세상은 변하지 않고 있다는 주장이 있다.

1990년에는 세계 인구의 36%인 19억 명이 하루 1.9달러도 되지 않는 돈으로 살아가는 극빈 상태였다. 그런 인구가 2016년에는 7억 3천400만 명으로 급격하게 줄었다고 한다. 그 이유는 남아시아와 중국의 극빈자 비율이 대폭 개선됐기 때문이다. 인도에서는 2006년부터 2016년 사이 10년간 2억 1천만 명이 빈곤 상태에서 탈출했다고 하며, 방글라데시도 2000년 이후로 인구의 20%인 3억 3천만 명을 빈곤에서 구해냈고 한다.[1] 세계

---

1) 연합뉴스, "코로나로 22년 만에 다시 오르는 세계 빈곤율…5억명 더 극빈", 2020. 5. 1.

은행의 빈곤보고서에 따르면, 1996년에 극심한 빈곤에 시달리는 사람이 59%였던 점을 고려하면 사하라 이남 지역의 상황도 상당히 좋아졌다.

이와 같은 빈곤 퇴치 내지 해소는 국제사회의 노력에 의한 것이었다. UN의 주도로 진행된 전지구적 차원의 밀레니엄 개발 목표(Millennium Development Goals, MDGs)[2]와 대형국제구호기관이나 소액대출운동 등에 힘입은 바가 크다. 참고로 2019년 유니세프는 55억 2천9백만 달러를 개발도상국 지원 등의 사업비로 지출하였다.

그럼에도 불구하고 사하라 이남의 아프리카 빈곤국들의 경우 왜 대규모 국제 원조가 끊임없이 들어가도 가난의 문제가 퇴치되지 않고 있다. 2020년 세계은행의 세계빈곤보고서에 따르면 도시 전체 인구의 3분의 1이 빈민가나 안전하지 않은 집에 살고 있으며, 전 세계 7억 명이 넘는 사람들이 하루에 1.9달러 미만으로 살아가고 있다. 특히 사하라 이남 아프리카 지역에 사는 인

---

[2] 밀레니엄 개발 목표는 UN에서 2000년에 채택된 의제로, 2015년까지 세계의 빈곤을 반으로 줄인다는 내용을 담고 있다. 하지만 이 운동의 가시적 성과가 미진하여 지속가능개발목표; Sustainable Development Goals(SDGs)로 변경되었다. 결론적으로 MDG는 그리 성공적이지 못했다는 것이다.

구의 41% 이상이 1.9달러 미만으로 사는 극심한 빈곤층이다. 만약 빈곤의 기준을 이전의 1.9달러에서 1달러만 더 높인다면 지구촌 빈곤이 문제는 거의 개선된 것이 없다고도 할 수 있다.

이처럼 빈곤이 사라지지 않는 이유는 구호금이 적어서가 아니라 일상에서의 폭력과 수탈, 권력의 남용, 교육권 부재, 차별적 사회구조, 수자원 접근의 어려움, 각종 충격에 약함, 자유의 부재, 폭력과 내전/분쟁 등이 가난의 악순환을 일으키는 요소들이라고 한다.

그러므로 국가가 분쟁 중이거나 여성을 차별하는 문화가 뿌리 깊다면 아무리 능력있는 여성이라도 일할 자유를 얻지 못해 빈곤에 빠지는 것처럼 성별과 연령, 언어, 인종, 장애, 지역 등 다방면에 걸친 불평등과 사회적 차별과 갈등, 수탈이 빈곤의 원인이라고 세계은행은 주장한다. 빈곤한 사람들을 옥죄는 사회적 불평등을 해소하는 방향으로 진행된다면 개인과 집단, 국가 사이의 빈곤을 해결할 수 있다는 것이다.

더 나아가 아프리카를 비롯한 대부분의 빈곤지역이 가난에서 벗어나지 못하는 이유는 원조기관들의 자선의 함정 때문이라고 주장하는 사람들도 있다.[3] 스스로 문제를 해결하는 능력을 키우고 여건을 적극적으로 개선하기 보다는 원조에 의존하도록 하기 때문이라는 것이다.

이처럼 자선적인 연보만으로는 세상을 바꾸기 어려울 수 있다. 사실 2장에서 살펴본 고아의 아버지 조지 뮬러도 수많은 고아를 돌보았지만 고아가 사라지고 정상적인 가정을 회복하도록 하지는 못했다. 고아들을 돌보는 것도 중요하지만 고아 발생의 원인이 되는 자연재해나 전쟁, 가정파탄, 경제불안 등을 해소하지 못했을 뿐만 아니라 국가와 지역공동체가 온전한 사회안전망을 구성하여 고아 문제 해결에 적극적으로 개입하는 데까지는 이르지 못했기 때문이다. 조지 뮬러와 그 동료들은 주어진 소명의 범위에서 세상의 변화를 이루어 냈을 뿐이다.

그럼에도 불구하고 그리스도인이 행하는 일상의 연보는, 특정 영역에서 부분적일지라도 세상 변화의 비전

---

3) 윌리엄 더건 & 글렌 허버드, '원조의 덫-빈곤 퇴치에 관한 불편한 진실들'(비즈니스맵 펴냄)

을 일구어 가는 소명을 만났을 때 가치가 더 빛나게 된다. 세상에는 수많은 비영리단체들이 있고 그중에는 기독교를 표방하거나 기독교 정신을 근간으로 하는 곳이 아주 많을뿐더러 그 안에는 그리스도 안에서 소명을 가지고 헌신하는 수많은 사람들이 있다. 이들은 장애인, 평화(남북통일), 아동과 청소년, 봉사와 복지, 국제구호, 인권과 생명, 환경, 노동, 문화예술 분야에서 세상을 바꾸고 하나님 나라의 실현을 위해 일생을 바치고 있다.

우리의 연보가 이들의 소명과 연결될 때 그 가치는 더 빛나게 된다. 고린도와 마케도니아 교회의 연보가 가뭄으로 빈곤에 처한 예루살렘교회를 돕고 그로 인해 교회의 중심이 예루살렘에 굳게 세워지고 열방이 그리스도를 주라 고백하는 변화가 이루진 것이다. 여기에는 예루살렘교회의 어려움을 극복하고 이방 교회와 예루살렘교회 간의 형제애를 현실로 만들고 싶었던 바울의 꿈이 결정적인 역할을 하였다. 연보와 소명이 만난 것이다. 우리의 연보도 이렇게 하나님으로부터의 특별한 소명과 만나게 될 때 세상 변화의 작은 씨앗이 될 수 있다.

그리고 나의 연보가 당장 세상을 변혁할 소명으로 연결되어 열매맺는 것을 보지 못한다 하더라도 연보는 일상적으로 이루어져야 한다. 앞의 장들에서 계속해서 강조한 것처럼 그 이유는 성경적 연보는 그 자체로도 하나님의 은혜이고 하나님의 뜻을 구현하여 드러내는 행위이기 때문이다. 제대로 된 연보를 행하는 그 자체가 바로 세상의 변화이다.

인터넷 검색창에서 '세상을 바꾼 사람'이라 검색을 해보면 우리가 잘 아는 위인들이 이름이 죽 나오고 이들을 묶어서 다룬 책들이 소개된다. 과학자, 정치가(황제와 왕을 포함하여), 사상가나 철학자. 탐험가와 발명가. 예술가, 문인, 종교지도자와 사회운동가 등 각종 분야의 영웅들이 열거되기도 하고, 가장 창의적인 사람이나 자수성가한 분들 어떤 경우는 여성 중에 위대한 인물이 수십 명에서 수백 명까지 소개되기도 한다. 과연 이분들 덕에 우리가 이 땅에서 이만큼 자부심을 가지고 편하게 살고 있구나 하는 생각이 든다.

하지만 다른 한편으로는 자신도 모르게 세상을 바꾼 일에 동참하거나, 세상을 바꿀지 어떨지도 모르는 일이나 먼 훗날에 세상을 바꾸는 계기를 마련한 일에 동참한 사람들도 많이 있다. 어느 날 친구를 따라 광장에 나가 시위를 벌인 사람들, 가족을 따라 신대륙으로 이주한 사람들, 자신도 모르게 세상을 바꾼 사람들을 도와준 사람들, 세상이 주목하지 않은 궂은 일을 담당하여 주인공들을 빛나게 한 조연급 인사들… 그런 사람들은 이름도 남아 있지 않고 그 공을 기억하는 사람도 소수에 불과하거나, 그들이 남긴 흔적이나 사건만 주목을 받거나 그 사건마저도 크게 주목받지 못하는 경우도 많다. 하지만 이들이 세상을 바꾼 숨은 사람들이다.

그리고 여기에 빠질 수 없는 사람이 바로 성경적인 연보를 일상에서 실천하는 사람, 성경적인 연보를 권하는 모금가들이다.

너희 사랑의 진실함을 증명하라

> 내가 명령으로 하는 말이 아니요 오직 다른 이들의 간절함을 가지고 너희의 사랑의 진실함을 증명하고자 함이로라 **(고린도후서 8:8)**
> 너희는 내게 배우고 받고 듣고 본 바를 행하라 그리하면 평강의 하나님이 너희와 함께 계시리라. **(빌립보서 4:9)**

바울은 자기에게 배우고, 받고, 듣고, 본 바를 행하라고 한다. 연보와 모금도 이에 해당한다. 이 책을 통해 살펴본 모금가 바울에 따르면 연보와 모금은 기도나 금식, 전도에 비해 하나님 앞에서 우선순위가 떨어지는 것도 아니고, 하나님 나라의 구현에 부차적인 것도 아니다.

바울은 연보와 모금을 어떤 위상으로 대했는가? 그리고 어떻게 연보를 권하고 모금을 했는지를 보고 배웠으므로, 기독교 공동체와 모금가는 이를 행해야 한다. 이것이 하나님과의 화평과 평강을 이루는 방법이다.

기술을 배워 적용하는 것은 다음이다. 모금은 전략도 필요하고 적절한 방법을 사용해야 하며, 실행상의 아주 자세한 기법이 다양하게 요구된다. 이것들을 적절히 배우고 정리하여 우리 기관에 적합하도록 채택, 실행하는 것은 아주 중요하다. 하지만 기술이 본질이나 태도와 관점을 견인하지는 못한다. 연보하는 자의 마음이 움직이고 곤고한 중에도 풍성하게 넘치도록 연보하도록 하는 것은 단지 몇몇의 기술이 들어가서 이루어지는 것이 아니다.

> 범사에 여러분에게 모본을 보여준 바와 같이 수고하여 약한 사람들을 돕고 또 주 예수께서 친히 말씀하신 바 주는 것이 받는 것보다 복이 있다 하심을 기억하여야 할지니라.
>
> (사도행전 20:35)

 바울은 여러 곳에서 자신이 행한 바와 생활하는 모습을 본받으라고 여러 교회에 이야기한다. 그중에는 약한 사람을 도우라는 것이 포함되어 있다. '약한 자를 도웁시다.' 이것이 모금에서 기부자에게 요청하는 행동이다. 바울은 스스로 어려운 이웃을 도왔을 뿐만 아니라 교회도 교인도 그리 하라고 강하게 권면하고 있다.

 하지만 그가 전하고자 하는 메시지는 단순하게 '약한 자를 도웁시다'가 아니다. '약하게 되신 예수 그리스도를 본받읍시다'이며, '야훼가 광야에서 내리신 만나를 우리가 연보를 통해 구현해라.'이다.

 그리스도인 모금가는 그 대상에 상관없이 누구에게든 연보를 권하고 모집해야 한다. 씨 뿌리는 자가 뿌리는 씨에는 차별이 없다. 받아들이는 자들 간에 차이는 있지만 싹을 틔울 수 있고, 자라서 열매를 맺을 수 있는 씨는 동일하게 뿌려지는 것이다. 따라서 하나님 나라의 원리를 구현하는 미션에 동참하자고 권면하는 연보 권유는 교회와 성도 중에 차별없이 선포되어야 한다. 연보라는 은혜의 그 풍성함에 참여하도록 함에 차별이 있어서는 안 되는 것이다.

그리고 모금가는 기부자에 대해서 '사랑하는 자여 네 영혼이 잘됨 같이 네가 범사에 잘되고 강건하기를 간구하는'(요삼 1:2) 사람이다. 수혜자의 유익과 균형됨이 정말 중요한 것이지만 바울은 동일하게 연보하는 이에게 하나님의 은혜가 풍성하기를 간구한다. 정말 기부자의 영혼과 삶이 하나님 앞에서 잘 되고 강건하기를 간구하는 것이다. 그렇기에 모금가는 언제나 기부자의 입장에서 일을 해야 한다. 그들의 삶을 살피고 마음을 살피고 영혼을 살피는 사역자인 것이다.

모금가 바울에 의하면 모든 연보는 하나님의 풍성한 은혜이고 교회의 공동체 의식이 발현된 열매이다. 그렇기에 어떠한 방법과 통로를 통하든지 연보를 통해 재정을 충당할 수 있음은 반박할 수 없는 감사이다.

연보를 권하는 모금은, 하나님 사랑과 그리스도의 내려오심의 원리를 구체적으로 이 땅에서 구현하고 풍성한 하나님의 은혜를 흘려보내고 하나님에 대한 믿음과 신뢰를 확인하고 연보자의 삶과 공동체를 세우는 것이다. 그리고 이 일에 간절한 마음으로 나서는 믿을 만한 이가 모금가이다.

그렇기에 모금가들은 복음들고 산을 넘는 자들과 같이 아름답다. 모금가는 연보가 이루어낼 하나님 백성 공동체의 아름다운 모습을 그리며 살아간다. 모금가의 발길은 아름답고, 모금가도 아름답다. 복음이신 예수 그리스도의 발길이 가장 아름답다. 그리고 이를 따르는 모금가의 발이 아름답다.

> 보내심을 받지 아니하였으면 어찌 전파하리요 기록된 바 아름답도다 좋은 소식을 전하는 자들의 발이여 함과 같으니라.
>
> (로마서 10:15)

너희의 사랑의 진실함을 증명하고자 함이라
고린도후서 8장 8절

덧붙임

모금에 대한 기술적 질문과 이해

덧붙임
모금에 대한 기술적 질문과 이해

 이 글의 원래 기획에는 연보나 모금에 관한 기술적 사안을 깊이 다루는 것이 포함되어 있지 않았다. 그런데 한 가지 두 가지 내용을 채워가면서, 궁극적으로 모금에 관한 기술적 갈증이 기독교 비영리단체 현장에 있을 것으로 여겨졌고, 몇 가지 의문이나 질문을 선별하여 나름의 답을 제공하기로 했다.

 물론 시중에는 모금 기술을 다루는 책이나 글들이 많이 있고, 유력 기관들의 홈페이지에 들어가 보면 FAQ나 Q&A를 통해 기술적인 도움을 얻을 수도 있다. 그럼에도 불구하고 여기에 이렇게 다루는 것은 기왕에 본문에서 모금의 본질과 성경적 원리를 습득했으니, 이에 상응하는 기술적인 가이드를 같이 얻을 수 있기를 바라서이다.

비영리단체라면 꼭 모금을 해야 하나요?

결론부터 이야기하면 모든 비영리단체가 다 모금을 해야 하는 것은 아닙니다. 비영리단체가 필요한 재원(돈)을 충당하는 방법에는 모금 외에도 여러 가지가 있습니다. 정부지원금, 회비수입, 수혜자의 비용부담, 수익사업, 기금수익금 등이 해당합니다. 무슨 방법으로 재원을 충당하느냐 하는 것은 기관이 담당한 분야와 일의 특성에 영향을 받기도 하고, 기관의 전략적 선택에 따라 모금 외의 다른 재원조달 방법을 택할 수도 있습니다. 그리고 이런 선택을 할 때에는 각각의 장점과 단점을 잘 살펴봐야 합니다. 답을 하자면 비영리단체라고 해서 반드시 모금을 해야 하는 것은 아닙니다.

적극적으로 모금하는 것이 더 성경적인가요?

이에 대한 답은 이 책에 들어 있습니다. 이 책의 목적이기도 하지요. 하나님의 은혜를 적극적으로 기도하는 것과 마찬가지로 적극적인 모금도 성경적이라 봅니다. 다만, 바울이 왜 그렇게 예루살렘 교회를 위한 연보에 열심이었고, 여러 교회에 보낸 편지에서 연보를 강조했는지 묵상해 보기 바랍니다. 모금은 단순히 돈을 모으는 행동이 아니고, 그보다 더 훨씬 깊고 심오한 신앙의 원리입니다. 적극적인 모금은 아주 성경적입니다.

교회의 성도라면 적극적으로 요청하지 않아도 연보하는 게 당연하지 않을까요?

우리는 늘 그렇기를 기도해야 합니다. 성경의 가르침을 제대로 전달하고 이를 따른다면 기독교인이 연보하는 삶을 사는 것은 당연합니다. 그러나 하나님의 자리를 위협하는 재물의 유혹이 너무 강한지라 쉽게 선뜻 연보하지 못하는 어린 그리스도인이 많고, 연보보다는 교회에의 헌금을 강조하는 한국 기독교의 특성상 모든 이의 풍성한 연보 참여는 기대하기 어렵습니다. 바울도 여러 교회가 연보를 제대로 이루어내지 못할까 염려하여 편지에 연보를 준비하라 강조했다고 봅니다. 모든 그리스도인이 자연스럽게 연보하는 것이 아니므로, 이를 가르치고 행할 수 있도록 교회와 모금가들이 도와야 합니다.

기부자의 정보를 수집 보관하는 게 위법이거나 문제가 되는 것은 아닌가요?

우리나라에서는 개인정보를 수집, 가공, 보관하는 것이 일련의 법적 요건을 충족하지 못하면 위법으로 간주합니다. 개인의 동의를 받아야만 정보의 수집, 가공, 보관이 가능합니다. 그러므로 모금을 하는 단체가 개인정보를 수집, 보관하려면 모금활동이 기관의 목적 사업이 되는 것이 바람직하고, 접촉하는 모든 사람들에게 동의를 받아야 합니다. 그리고 자신의 정보가 기관에 남아 있는 것을 원치 않는 분이 있다면 당연히 그 의사를 존중해야 합니다. 원칙적으로는 그렇습니다. 지혜롭게 이를 잘 해결할 수 있어야 합니다. 기억해야 할 것은 개인정보를 수집, 보관하지 않으면 기부 요청에 제약이 많고, 감사의 마음을 개인적으로 전달할 수 없다는 점입니다.

모금과 관련된 비용은 꼭 써야 하나요? 사용한다면 얼마나 쓰는 게 좋은가요?

모금은 결코 공짜로 이루어지지 않습니다. 예를 들어 기관의 직원이 어떤 유력 잠재기부자에게 전화를 해서 기부 요청을 했다면, 그 직원이 전화에 사용한 시간만큼의 인

건비와 전화비용이 모금에 사용된 것입니다. 우리나라는 법적으로 모금 비용의 상한선을 통제하려고 합니다. 기부금이 고유 목적 사업에 많이 쓰이도록 하려는 의도로 판단됩니다. 하지만 유대인들은 오히려 모금 비용의 하한을 정합니다. 모금 활동이나 기부자 예우 등에 충분한 투자가 이루어져야 한다는 의미에서입니다. 모금을 위한 비용은 충분히 절제된 범위에서 지출되어야 합니다. 모금을 위해 얼마의 비용을 사용해야 하는가에 대해서는 정답이 없습니다. 기관의 모금액과 주요 모금방법, 모금과 기관의 역사, 기부자 특성 등에 따라 다르기 때문입니다. 적게는 모금액 대비 3~5%를 사용하기도 하지만, 모금액보다 많은 모금 비용을 지출하는 특별한 경우도 있습니다. 예를 들면, 대규모 대중모금을 시작한 첫해에는 그럴 수도 있습니다.

기부자 예우에서 꼭 거액기부를 더 우대하고 드러내야 하나요?

거액기부를 우대하고 더 감사하는 것은 왠지 돈을 소중히 하는 거 같아 하나님의 가르침에 위배되는 것 같습니다. 작은 돈이라도 마음을 다해 기부하는 것이 아름다우니 이를 더 존중해야 할 것 같구요. 기부금을 받는 기관은 그 액수의 크고 작음에 상관없이 감사하고 인정하는 것이 맞습니다. 그러나 거액기부를 더 인정하는 것도 옳습니다. 단순히 기부한 돈이 커서가 아니라, 그 기부금으로 더 큰 일이나 중요한 일을 많이 해서 선한 영향력이나 열매를 크게 이룬 것에 대해 감사하는 것입니다. 더 크고 아름다운 열매에 기여할 수 있도록 하나님께서 선물로 주신 재물을 크게 나누는 것이므로 당연히 칭찬과 인정을 받아야 할 행위입니다. 기부자 본인이 겸손하게 알리지 말라고 하는 것과는 다른 사안입니다. 우리 기관을 위해 자원봉사를 하시는 분들이 계시다면 모든 자원봉사자에게 감사하지만 더 많은 시간을 봉사하는 분들을 더 우대하고 감사할 것입니다. 기부금도 같은 원리라 생각하면 될 듯합니다.

후원금을 중간에 비영리기관을 통하지 않고 개인적으로 직접 전달해 주면 되는 것 아닌가요?

도움이 필요한 사람들을 직접 돕는 것은 물론 가능한 일이고 권장할 수 있는 선한 행동입니다. 이것 역시 일종의 연보로 중요한 위치를 차지합니다. 주변에 도움이 필요한 사람이 확인되고 직접 전달할 방법이 있다면 이렇게 해도 좋습니다. 하지만 도움이 필요한 사람을 직접 파악하기 어렵고 파악했다 하더라도 전달 방법 등이 적절하지 않은 경우에는 도움을 주기 어려울 수도 있습니다. 그러므로 좀 더 나은 기부나 연보는 전문적으로 수혜자를 발굴하고 관리하며 소통하는 기관을 통해서 상호 협의하며 진행하는 것입니다. 후원 대상자 하나하나를 직접 찾아 나서는 것보다는 믿을 만하고 투명한 그리고 전문적인 역량이 있는 비영리 기관을 찾는 것이 훨씬 수월하기도 합니다. 그 외에도 기부금 세제 혜택도 받을 수 있고, 기관의 프로그램이나 사업에 참여할 수도 있고, 자선과 기부의 성향이 비슷한 여러 사람을 만날 수 있는 유익도 있습니다.

대놓고 후원을 하라고 하는 건 무례한 일 아닌가요?

책에서도 계속 이야기했지만 연보나 기부를 권하는 것은 무례한 것이 아닙니다. 우리가 기도하고 금식하고 예배하지는 것과 차이가 없는 행동입니다. 다만, 연보나 기부를 권할 때에는 상대방이 충분히 예견할 만한 여건이 형성되고, 요청자와 대상자 간에 어느 정도 정보의 공유나 신뢰가 형성되었을 때 하는 것이 적절합니다. 그러므로 강연이나 설교 중이거나 거리에서 대면 모금을 할 때를 제외하고는 처음 접하는 사람에게 기부를 요청하는 것은 실례가 됩니다. 처음 보는 사람에게 대 놓고 강력하게 요청하는 것은 또한 거부감을 일으켜 오히려 기관에 대한 이미지가 떨어지는 역효과가 나거나 모금가나 기관을 회피하는 경우도 발생할 수 있습니다. 그러므로 요청 대상자가 우리 기관과 하는 일에 대해 충분한 정보를 획득하고, 우호적인 관계가 상호 간에 형성되었다고 여겨질 때 후원을 요청하는 것이 좋습니다.

기관의 여건상 모금부서나 전담자를 둘 수 없는 데, 꼭 전담부서가 필요한가요?

기부금이 기관에 꼭 필요하고 중요하지만, 여건상 모금부서나 담당을 두기 어려운 경우도 있어 보입니다. 전체 직원이 서너 명인데 그중에서 한 명을 모금 전담으로 하기에는 부담스러울 수 있다는 것입니다. 더군다나 모금액이나 기부자의 수가 많지 않고, 모금행사 등을 하기에도 어려운 여건이라면 더 그렇겠지요. 하지만 전담자를 두지 않으면 모금 활동은 점점 더 위축될 것이고, 기존의 기부자들에게도 적절한 감사와 예우를 하기에도 버거울 수 있습니다. 더군다나 전담자를 두지 않으면 기관 내에 모금의 전문성이 축적되기 어렵고, 모금 활동의 고유한 장점을 만들어가기 어렵습니다. 만약에 다른 업무 --예를 들면 홍보--와 겸직을 하게 되면, 힘들고 어려운 모금 업무가 후순위로 밀리게 되어 모금 활동이 제대로 이루어지지 않을 가능성이 높습니다. 결국 모금은 전담부서나 전담자가 전문성을 축적하면서 상근하는 것이 가장 바람직합니다. 만약 기관의 직원이 두 명뿐이더라도 그중 한 명은 모금을 전담해야 한다는 태도를 가지는 것이 타당할 것입니다.

주신 후원금을 잘 사용해면 되는 거지, 자세히 보고하고 알려야 하나요?

우선 법적으로 인정된 비영리단체라면 재정에 대한 성실한 공지가 법적으로 요구되므로 이 기준에 따라 재정 상황을 알리고 보고해야 합니다. 그리고 법적으로 요구되는 기본 조치를 취했다 하더라도, 기독교 기관은 청지기 정신에 입각하여 재물의 사용에 대해서 정확하고 투명하게 알리거나 보고해야 합니다. 또한 재정 사용에 대한 확실한 보고와 알림은 기부자에게 감사하는 예우의 기본입니다. 적절한 피드백과 예우는 기관의 신뢰도를 향상시켜 재기부의 가능성을 높이는 가장 기본적인 활동입니다.

주변 지인보다는 일반 시민이나 성도들이 기부나 후원을 해야 할 것 같은데요.

기부와 연보는 누구나 해야 하는 시민정신의 발로이며, 기독교인이라면 예수 그리스도의 본을 받아 마땅히 실천해야 할 덕목입니다. 단체의 모금가나 활동가와의 친소 여부는 중요하지 않습니다. 그렇지만 하나님의 권면을 따르는 풍성한 은혜라면 마땅히 가까운 사람과 먼저 나누는 것이 타당합니다. 좋은 것은 먼저 믿음의 가족들과 나누는 것이지요. 이렇게 가까운 곳에서부터 자선을 시작하여 가족이나 친구, 교회성도 등이 각각 열심히 하면 연보와 기부가 확장됩니다. 일반시민이나 성도가 기부를 하기를 기대할 수 있고 이를 위한 여러 가지 활동을 취하는 것이 타당하지만, 현실적으로는 기관을 조금이라도 더 잘 아는 분들을 대상으로 하는 것보다 노력과 시간, 비용이 더 들어간다는 점도 생각해야 합니다. 물론 가까운 지인이라 해서 돈이 필요할 때만 언제나 요청하는 것도 문제는 있으므로 잠재기부자 대상별로 체계적인 개발과 요청, 감사의 계획을 세워 실천해야 합니다.

홈페이지에 약정/기부 페이지를 만들면 홍보도 되고 기부도 들어올 것 같은데요

기부자 중에는 웹 서핑을 통해 좋은 기부처를 찾아 자발적으로 기부하는 분들이 있기도 합니다. 참 관대하고 아름다운 분들입니다. 하지만 기관이 이렇게 찾아오는 분들만을 기다리며 소극적으로 모금하는 것으로는 충분하지 않습니다. 실제 홈페이지의 약정 페이지를 보고 기부하는 사람이 전체 기부나 약정자에서 차지하는 비중은 아주 미미합니다. 홈페이지상에서 약정이나 기부가 이루어지면 홈페이지의 구성과 내용 자체가 기부자 친화적이어야 하고, 후원을 통해 열매를 맺고 있는 사업이나 프로그램이 우선 잘 노출되어야 하며, 무엇보다도 홈페이지가 아닌 오프라인 상에서 활발한 모금활동이 이루어지고 있어서 서로 간에 시너지 효과를 내야 합니다. 그래서 단순하게 홈페이지에 약정 페이지를 올리고 이를 통해 기부자가 유입될 거라 기대하는 것은 심리적인 위로일 가능성이 높습니다. 그럼에도 모금 활동 중에서 안 할 수는 없는 기본을 갖추어 놓은 정도라고 보는 게 더 타당할 것입니다.

약정을 취소하거나 기부금을 돌려달라고 하면 어떻게 해야 하나요?

원칙적으로 기부금은 다시 돌려주지 않습니다. 다만 특정 목적으로 기부금을 받았는데, 그 목적을 달성할 수 있는 사업이나 프로그램을 시행할 수 없을 때나 기부금을 받는 절차상의 하자가 있는 경우 등은 기부금을 반환할 수 있습니다. 그러나 기부자가 마음이 변해서 기부금을 돌려달라고 할 때 단체가 이를 돌려줄 의무는 없습니다. 약정은 다른 경우라서 약정은 얼마든지 취소할 수 있고, 중간에 중단할 수도 있습니다. 그리고 약정에 따라 일정 기간 기부금을 납부하다가 중단하더라도 기왕에 낸 기부금을 반환할 의무는 없습니다.

하지만 기존에 낸 기부금을 반환할 의무는 없다 하더라도 기부자와의 갈등이나 이로 인한 기관 이미지나 신뢰도 하락을 염려해서 기부금을 돌려주는 경우가 가끔은 현실에서 발생하기도 합니다. 이런 반환을 위해서는 실무자의 판단에 근거하는 것이 아니라 기관이 제정한 원칙과 기준을 따라야 하므로 평소에 관련 규정을 제정하는 게 필요합니다.

모금, 하기는 해야 하는데 뭐부터 해야 하나요?

모금을 하시려면 우선 기부할 수 있는 분들을 찾아야 합니다. 아무리 좋은 사업을 훌륭하게 하고 있어도 기부해 줄 만한 사람이나 조직이 없으면 모금이 되지 않겠지요. 어쩌다 우리 기관에 관한 소식을 듣고 자발적으로 기부금을 가져오시는 분도 있겠지만 그건 모금을 한 게 아니고, 그 분이 특별한 선한 일을 하신 겁니다. 기부자를 찾고, 그 분들을 위한 메시지와 정보를 정리하여 알리고, 우리 기관이 후원금으로 일을 잘해서 선한 영향력을 발휘해야지요. 그러나 제일 우선은 관대한 잠재기부자를 찾아 나서는 것입니다.

요즘 온라인모금이 성과가 있다는데, 이 방법을 사용하는 게 효과적이지 않을까요?

최근 모금에 관한 여러 보고 내용을 살펴보면 온라인모금의 성장세가 가장 높은 것으로 나옵니다. 그도 그럴 것이 온라인모금은 최근에 등장한 모금 방법이라서 그 성장률이 아주 높습니다. 하지만 그런 성장에도 불구하고 전체 모금액에서 온라인모금을 통한 액수의 비중은 아직 그리 크지 않습니다.

그러므로 비영리단체라면 새로운 모금 방식으로 떠오르는 온라인모금에 관심을 두고 투자해야 하지만, 오로지 온라인모금만으로 충분한 기부금을 충분히 충당할 수는 없을 것입니다. 그리고 당분간은 다음과 같은 몇 가지 사항에 유념해야 합니다.

온라인모금의 비중이 낮으므로 기존의 오프라인 모금방법을 강화하면서 온라인모금에 투자해야 합니다. 오프라인에서의 모금이 강하지 않은 상황에서 온라인모금에만 의존하는 것은 단기적으로 충분한 기부금을 모으기에는 충분하지 않습니다.

온라인모금을 추진하려면 긴 호흡을 가지고 진행해야 합니다. 온라인모금이 자리잡기 위해서는 최소 1년에서 3년의 시간이 소요됩니다. 온라인 트래픽을 포함한 다양한 분석과 검토, 수정이 이루어져야 하고, 수익성 분석이 이루어지려면 긴 기간이 필요합니다. 그러므로 수개월 내의 수익을 기대하기보다는 인내심을 가지고 장기전을 펼쳐야 합니다.

그리고 온라인모금에도 상당한 투자가 들어갑니다. 단순히 홈페이지를 만들고 이메일을 보내는 것을 넘어 SNS에 광고도 올려야 하고 온라인을 통해 확보된 잠재기부자들을 관리하는 활동도 해야 합니다. 경우에 따라서는 오프라인 모금보다도 더 많은 비용이 들어갈 수도 있습니다.

우리시대

'우리시대'는 기독교 세계관으로 시대를 밝힙니다.

비전
첫째, 정직한 질문에 정직한 답변을 줍니다.
둘째, 균형 잡힌 그리스도인을 세우는 일을 합니다.
셋째, 다음 세대를 준비합니다.
넷째, 변방에서 중심을 깨우는 일을 합니다.

목표
1. 도서를 통해 양식을 보급하고 지식을 확산합니다.
2. 치우침 없이 균형 잡힌 출판을 합니다.
3. 정직하게 벌어서 평등하게 나누고 정의롭게 사용합니다.
4. 여러 매체를 활용하여 지식 확산에 기여합니다.